逆説の法則

西成活裕

新潮選書

まえがき

料理を美味しく作るコツは、ひと手間加えることである。

例えばふわふわのオムレツを作るには、フライパンで焼く前に、空気を含ませるために溶き卵をザルで裏ごしするとよい。でも、これを知っていてもなかなか毎回できるものではない。裏ごしというひと手間が面倒に感じられてしまい、実際には省略してしまうことも多いだろう。

また、私たちはなぜ毎日歯磨きをしているのだろうか。もちろん歯を長持ちさせるのが目的であるが、その作業はだいぶ面倒であることは間違いない。しかし、その面倒さを上回る明らかなメリットがあるから歯磨きを続けようと思うのである。

人生にはこのように、少し我慢をしたり手間をかけることで、後で何倍にもなってプラスで返ってくることがたくさんある。これはことわざでいえば、「損をして得をとる」とか、「苦あれば楽あり」といったようなものであろう。しかし人は、そうした長い目で見た時の利点は頭では分かっていても、つい短期的な視野で行動しがちである。そしてそれは、個人の損得の問題だけでなく、社会的な問題にまで大きく関係しているのだ。

日本はいま問題が山積みである。誰もが盤石だと思っていた大企業が経営不振に陥り、そして非正規社員が増え格差社会が進行している。東日本大震災からの復興もなかなか進まず、また年金などの社会保障の財源もかなり厳しくなってきている。いったいこの国はどうしてしまったのか、と首を傾げたくなることばかりがここ20年ぐらい続いている。

その原因はもちろん複雑であるが、それをあえて一言でいえば、「長期的視野の欠如」なのではないか、と私は考えている。近年、人はどんどん短期的な視野に陥ってしまっていると感じる。人だけでなく、会社などの組織もそうであり、国もそうである。地球温暖化も、まさに地球規模での短期的な視野が作ってしまった問題といえるのだ。

諸問題に対してとりあえず対症療法的に解決していくのも必要なことではあるが、それは通常は短期間しかもたない。本来は根本治療こそが最も大事なはずであるが、長期的な視点で改善していくことが今極めて難しい社会になりつつある。このままでは持続可能な社会を構築していくことは不可能になり、そのうちに人類は今を刹那的に生きる動物集団に成り下がってしまうのではないか、という危惧さえ私は感じている。

そこで、今こそ長期的視野が必要であり、これこそが諸問題を解決に導く「急がば回れ」的な特効薬であると思い立ち、本書の執筆を決意した。中でも最も重要視したことは、あえて今マイナスをとることで、後で大きなプラスを得るという事例を、多くの人に理解してもらうことである。理解に至るためには、実際の事例の紹介はもちろん、どうしてそのような逆説的なことが起こるのか、というロジックも重要である。

偶然に後でプラスを得たのでは、人はなかなか自ら進んでマイナスをとる行為はしないだろう。きちんとしたロジックがあるから再現性も生まれ、未来の不確実性に対する不安も減るのである。そして、これまで逆説のロジックを徹底的に調べてきた結果、それをこのたび四つの法則としてまとめることができた。これらが社会の諸問題の解決に少しでも資することができれば、これ以上嬉しいことはない。本書ではさらに、どうしたら長期的視野を持てるのかについてもヒントや提案を述べ、以上を踏まえて日本の今後進むべき道を最後に記した。

それではこれから、深遠な「逆説の世界」へと皆さんを誘いたいと思う。どうぞ最後までお付き合いいいただきたい。

逆説の法則　目次

第二章　逆説を支える法則

逆説の法則

序章　正言若反

まず、しばし、ことわざにお付き合いいただきたい――。

【損をして得をとる】

この大事さは分かっているつもりでも、なかなか出来るものではない。初めから明らかな損をすることに対して、誰しもかなりの抵抗感を覚えてしまうからだ。しかも後で必ず得はとれるのだろうか、とふつうは疑心暗鬼になってしまう。「明日の百より今日の五十」ということわざがあるくらい、人は目先の小利に飛びつき、そのために将来の大利を逃してしまうこともある。明日に百がとれる確証はあるのか、そして明日まで待てるのか、こうした不安から、半分の儲けの五十で今日手を打ってしまうのである。将来という不確かなものに対する人間のリスク回避本能がこの根底にあるのかもしれない。

【苦あれば楽あり】

人間誰しも楽をしたいに決まっているし、できれば苦労はしたくない。でも初めに苦労すれば、あとで楽をすることができるのも頭では分かっている。しかし、苦というマイナスイメージの行為をすることに大きな心理的抵抗が生じてしまうのがふつうである。この逆の「楽あれば苦あり」もまた誰しもその通りだと感じている。夏休みの宿題をやらずに遊んでいると、後で待つのは徹夜で苦しい日々である。仕事も他の人に手伝ってもらい楽ばかりしているとスキルが身につかないため、いざ一人でやるときに大いに苦労するだろう。したがって、後々の為にもやはり苦労は進んでするべきなのだが、楽に流れてしまうのが人間の悲しい性《さが》だ。

【急がば回れ】

約束の時間に遅れそうなとき、なるべく距離の近いルートで移動したら混雑に巻き込まれ、かえって遅れがひどくなった経験のある人も多いだろう。そういう時こそ、逆に少し遠回りしてでも別の空いている道を行った方が早いものである。しかし多くの人が近道を選んでいる時に、自分だけ遠回りするのは損をしているような気になり、やはり抵抗感が生じてしまう。ちなみにこの言葉は、室町時代の連歌師である宗長《そうちょう》の歌「もののふの矢橋《やばせ》の船は速けれど急がば回れ瀬田の長橋」に由来するものだ。当時、滋賀から京都に向かうには、琵琶湖を船で直接横断する矢橋の渡しと、もう一つは少し南に遠回りして、日本三大名橋のひとつである瀬田川の唐橋を使う陸路の方法があった。もちろん距離的には船が近くて早いのだが、比叡おろしと呼ばれる突風が吹くため、遅れたり転覆の危険がある航路でもあった。そこで安全を考えると遠回りしてでも橋を使った方がよい、ということを詠んだ歌だ。

これに似た言葉は多い。孫子の兵法にも「迂《う》を以て直《ちょく》と為す」（迂直の計）というのがあるが、これはあえて回り道をして戦いを勝利に導く方法について述べたものだ。例えば遠回りして目的地と反対の方向にエサを置いて敵をそちらに誘い出し、その間に自分は目的地に向かう、という作戦である。そうすると、結果として長い距離を移動することになっても、自分は敵より早く目的地にたどり着くことができるのだ。この孫子の言葉には続きがあり、それは「患を以て利と為す」というものである。これも逆説的な内容で、弱点が逆に長所になる、と述べている。自分の弱点をわざと晒すことで相手に油断させ、その隙に攻撃を仕掛けて勝利する方法である。

【急いては事を仕損じる】

早く物事を終わらせたい時に、慌てて実行すると失敗してかえって時間がかかることもある。そういうときは逆にゆっくりと仕上げた方がミスが無くなって、結果的に早く終わるかもしれないのだ。「果報は寝て待て」もこれと似ており、慌てずにゆっくり休みながらいい知らせを待つべし、ということを述べている。ただし、何もしないで待っていてもダメで、十分努力をした後は運を天に任せてその結果を待つ、という意味であることは忘れずにいたい。「急がば回れ」は距離のイメージであったが、これらは同じ内容を時間について述べたもの、と解釈することができる。孔子の論語にも同様に「速やかならんと欲すれば則ち達せず、小利を見れば則ち大事成らず」という言葉がある。これは、急いで進めてしまうと失敗に終わるし、小さな利益にとらわれていては大事を成す事はできない、という意味である。この言葉の後半はまさに最初に述べた「明日の百より今日の五十」とほぼ同じ意味である。

【慌てる乞食はもらいが少ない】

自分の欲に身を任せてわがままな要求ばかりすると、その欲深さで相手の反感を買ってしまい、かえって自分の貰える分が減って結局損をする。もちろん誰しも欲望があり、我々人間はそのぶつかり合いで悩むのだ。各人が自らの欲望を最大限満たそうと振る舞うと、資源の有限性などによって必ず衝突が起こる。例えば東京に大きな自宅を持ちたい、と皆が考えても土地はそもそも限られている。宝石や金・銀、レアメタルの量も有限である。また実態に合わずにお金を刷り続けると、今度は経済システムが破綻する。やはりある程度欲望は抑えない限り人類に未来は無いといえるだろう。こうした危機管理の感覚は大人ならば誰しも持っていると思われるが、いざ自分のこととなると全体のバランスを忘れて利己に走りがちなのが人間の性だ。「二兎を追う者は一兎をも得ず」もこれに近いだろう。欲張っていろいろと同時に手に入れようとすると、皮肉にも結局は一つも得られないことがあるのだ。逆に順序立てて一つずつ集中して対応していくことで、結果としてすべて得られることもある。

【情けは人の為ならず】

これは間違った意味で理解している人の多いことわざである。正しい意味は、人に親切にすることは、その人の為だけではなく、結局はよい報いとなって自分に戻って来る、というものである。助けられた人から後で直接に何かお礼を返してもらえることもあれば、助けた行為を見た第三者が自分の良い評判を広めてくれることもある。後者は「間接互恵性」と呼ばれており、自分にとってプラスになることが後で巡り巡って間接的に起こることを意味している。そしてこれこそが人間が社会の中で利他的に振る舞うことができる要因の一つだ、と考えている研究者も多い。

自分と関係ない人をなぜ助けるのかという問いは、社会心理学の古くからの大問題であるが、理論はどうあれ我々は確かに困っている人を助けたい、という感情を根源的に持っているように思える。逆に自分が助けて欲しい場合、人にそれを要求してばかりいてもダメで、まずは自分が先に相手に何か与えることが大切だということも痛感している人は多いだろう。硬い言い方をすれば、他人への親切は自分の将来のための投資、とも言える。私の周囲でも、特に人より裕福なわけではないが、他人のためにお土産を買ったり食事をご馳走したりするのが好きな人がいる。その人は確かに自分のお金をたくさん消費してしまうが、見ていると逆にそれ以上の様々なお返しをいろいろな人から受けて幸せそうである。イギリスの哲学者ジョン・ロックは、「もっとも気前のよい人は、いつも一番多く持つことになり、その上尊敬、称賛まで得るものである」と述べている。

以上、ことわざを中心に様々な「逆説」について見てきたが、確かにどれも我々の経験と合致するものばかりで、人生にとって不可欠な気付きを与えてくれる貴重な言葉である。これらはもちろん、先人たちの経験から昇華された知恵の集合であるが、どうも背後に普遍的な法則があるような気もしてくる。

ここで思い出すのが、老子の「正言若反《せいげんじゃくはん》」という言葉だ。正言は反するが若し。つまり本当に正しい言葉は普通とは反対に聞こえるものだ、ということである。老子は逆説の中にものごとの真理を見出したといわれている。例えば彼の有名な言葉に「柔弱勝剛強」というものがある。柔弱は剛強に勝つ、つまり柔らかくて弱いものは、逆に強い物に勝つことができる、という意味だが、実際に様々な武道においてもこれに近い教えがある。私は最近五十の手習いで合気道を始めたが、力が入っている人ほど体のバランスを崩しやすく、倒されやすいことが身をもって分かるのだ。

またここに述べた例は、日本や中国におけるものばかりであったが、例えば新約聖書の中のルカ福音書で、「自分を高くする者は低くされ、自分を低くする者は高くされる」という言葉もある通り、ヨーロッパにもそのような考えは確かに存在する。時代を超えて、そして空間を超えてつながっているこうした言葉に、真理は本当に宿っているのだろうか。

そこで、本書ではこの「逆説」をできるだけ科学的に分析し、その背後を支えている法則をあぶり出していきたいと思う。経験で語られてきたこうした逆説的な金言について、もしもロジックで裏付けができれば、それはきっと個人や社会の幸福のために何らかの貢献ができるのではないだろうか。

特に本書では、マイナスをあえてとることで、後でプラスを得る、という逆説に注目したい。これまで挙げてきた逆説の例は、損をして得をとるなど、ある意味ですべてこのマイナスが転じて後でプラスになるものである。実はこの考えこそが、私は今の社会にとって最も必要なものだと感じている。今や人々はどんどん短期的なものの考え方をするようになってきており、そうなると初めからマイナスをとる行為はすべて否定されてしまう。なぜならマイナスがプラスになるには少々時間がかかる場合が多く、短期的視野の人にとってはそこまで待てないからである。しかし短期思考に陥ってしまうと、社会の様々な場面に大きなひずみを生んでしまい、それが続くとついには修復が困難な事態に陥ってしまうだろう。

一つ例を挙げよう。2015年の総務省の調査によれば、全労働者に占める非正規雇用の割合は37・5%であるが、1984年には約15%であったのと比較すると、ここ30年で2倍以上に増えている。この国は今や3人に一人以上が非正規雇用なのだ。その理由は、特にバブル崩壊以降、企業はコストをいかに抑えるかに苦心しており、コストの大きな割合を占める人件費に手をつけ始めたのだ。非正規雇用にすれば時間あたりの賃金が安く済み、さらに各種の社会保険料や退職金まで払わない場合もあるため、一気に人件費を抑制できる。そうなると固定費が下がって短期的に利益が上がることになるため、各社はこぞって非正規雇用の割合を増やし始めた。

こうした方策を株主は喜ぶかもしれないが、本当にこれで良いのだろうか。盤石とも思えた大手企業が次々に倒れていく現在、この短期的視野の影響はまったくないとは言い切れないだろう。いやむしろ私は、様々な意味での短期思考が組織崩壊の大きな原因になっていると考えている。

非正規雇用を増やすと、せっかくのノウハウや開発の試行錯誤の過程で得た経験は社内に蓄積しにくくなる。しかしこれこそがその会社独自の見えない財産であり、最も大切なものではなかったのか。さらに非正規雇用になれば、有期契約ということで数年で会社を去るのが一般的である。そうなればもちろん会社に対しての愛着は低くなり、責任感もモチベーションも高いとはいえない人が組織に多くなってしまうのは仕方がないだろう。このような雰囲気でその会社が長期にわたって成長していくというのは到底無理な話なのである。

さらに短期思考になる背景には、未来に対する不確実さへの恐れも追い打ちをかけている。今の時代、多くの人が確実なうちに儲けをとろうと考えるため、将来儲かるかどうか分からない話には投資をしにくくなっているのだ。特に近年はインターネットの発達やＩＣＴ（情報通信技術）デバイスの普及などによるグローバル化が進んでおり、遠いところで起こった少しの変化が一気に世界を変える可能性もある。このような状況では、安定した将来予測は不可能に近く、それならば短期で分かる範囲で考えて判断しよう、となるのも無理はない。グローバル化も当初は世界がつながるということで歓迎ムードであったが、特にリーマンショック以降は様々な弊害が議論されてきた。ただ時代の流れに逆らうのは難しく、このグローバル化は今後もますます広がっていくだろう。

そして初めはプラスでも、後でマイナスになるものは当初は見抜くことが難しく、また一度始まってしまったものはなかなか中止や後戻りできないのだ。しかも初めにプラスとなる提案は、会議をしても否定的な意見が出にくく、採択されやすい。これに対して初めからマイナスの提案は、「何をバカなことを言っているんだ」と一蹴されて終わってしまうことが多い。よっぽど上手にプレゼンし、また前もって根回ししておかないと、本書で述べている逆説の金言は組織の中で生かされなくなっているのだ。

そこで、本書ではこうした初期にマイナスをとる勇気を科学的根拠からバックアップし、それがプラスに変わってゆくロジックについても詳細に考察していきたい。私自身、これまで様々な会社の管理職クラスの方々と議論を重ねてきたが、データによる事実に基づいてしっかりと論理的に説明すれば、初めにマイナスをとる意見もきちんと評価してもらえることが意外と多いことが分かった。さらに、不確実だと思われていることでも、数理科学の力によってその確実性を高くできる例を私はこれまで数多く見出し、そのうちいくつかの提案を実際の企業で採用していただいた経験もある。以下、こうした知見を企業だけでなく、個人から社会のレベルまで議論し、ミクロからマクロまで成り立つ普遍的な逆説について考察していこう。

第一章　世界は逆説に満ちていた

本章では、マイナスが転じて後にプラスとなる事例について、できるだけ多く挙げながらその特徴を考察していく。以下、個人から組織、そして社会という順にズームアウトしながら逆説を論じていく。

〈個人編〉

愛される人とは

まずは個人の視点から逆説の事例を検討したい。初めに取り上げたい話題が、長く愛され続けてきた人、というものである。長く続くということは必ずそこに理由があり、それは逆説を学ぶにはとても良い教材となる。ここで私が注目したいのは、タレントの萩本欽一さんである。彼はちょうど私が生まれた頃に有名なコント55号を結成し、半世紀にわたりテレビの様々な番組で活躍してきた有名人である。私は3年ほど前、NHKのテレビ番組に回答者で出演させていただいた際に、初めて「欽ちゃん」と直接お会いして話をすることができた。彼は収録中ずっとスタッフや出演者、そして会場にいたお客さん皆に気を配り、カメラが回っていなくても様々な話をしながらその場を和ませていたのが印象的であった。そして最後に「いやぁ、西成先生、とっても気さくで良かったよ～」と私に声をかけてくれた時、その優しさ溢れる笑顔に長時間の収録の疲れも一気にふっ飛んでいったのだ。一流の人はこういう不思議な力があるのか、と彼に興味を持ち、著作『ダメなときほど運はたまる』を読んでみたところ、何とそこにはっきりと逆説の法則が書かれていた。少し引用しよう。

幸せになりたいと思うなら進んで損をしたほうがいいの。人とつき合うときは、率先して損な役回りをすると、誰かが幸運を持ってきてくれます。自分のために損をしてくれた人がいたら嬉しくなるでしょ。だから人間関係が円滑になるし、一緒に仕事をするときも信頼関係が早く結べるんです。

かといって、なにか見返りを求めて損をしたり、相手にとって、負担になるような極端なことをしちゃダメ。このあたりはバランスを考えて行動しないと運にならない。僕の場合、なにか事を興《おこ》すときは必ず損から入ります。（中略）どんなちっちゃなことでも、損から入るといいですよ。人のために、自分の時間や知恵やお金を使うと「睡眠時間が減る」とか「頭が痛い」「心が痛い」「ふところが寒い」などなど、いろいろな不都合があると思うのね。でも、それぐらいは我慢しちゃうとあとで運になります。損のままで終わる人生ってないんです。（萩本欽一著『ダメなときほど運はたまる』より抜粋）

これこそまさに損をして得をとれ、ということわざ通りの人生なのではないか。途中略したところに若い頃のエピソードがあり、アルバイトでいくつか仕事があったが、わざと他人がやりたがらない裏方の仕事を率先して引き受けた様子が書かれていた。その仕事を真面目に続けていたら、アルバイト先の店長はその様子をちゃんと見ており、結局仕事ぶりが認められて人より長くアルバイトを続けることができたそうだ。

さらに私は欽ちゃんだけでなく、愛されている偉大な人に共通する要素として、周囲の人にとても腰が低い、ということをほぼ例外なく感じている。学会で顕著な業績を挙げた教授、100年以上続いている企業の社長、大きな案件をまとめた中央官僚や政治家、トップアスリート、有名タレントなど、私はこれまでたくさんの魅力ある人々と知り合いになり、その人となりを見てきた。その業績から考えると威張っていても当然と思われる人でも、決して高圧的な態度は見せず、むしろ他人に気を配ってあちこち裏方で配膳やお酌などで動き回っている人もいた。そしてその様子が不思議と相手に「可愛さ」を感じさせることもあり、結局はますます愛されるようになる。ここで思い出す言葉が、「実るほど頭《こうべ》を垂れる稲穂かな」である。自分から、俺は偉いんだ、というふんぞり返った態度を示すのではなく、頭を垂れて腰を低くして周囲に接するのである。威張るのは一瞬の自己満足なのかもしれないが、それは長い目で見て損以外の何物でもない。そして自分は偉いから何かをしてもらって当然、と考えるのではなく、常に感謝の気持ちを忘れないということでもある。

さらに、人と付き合う際に損得勘定のない人、というのも周囲から慕われ、また尊敬される人である。つまり、貰うことより、見返りを求めずに与える方が多い人は、皆が素晴らしいと考える特質の一つなのだ。与えてばかりいると、短期的には損しているように見えるが、長期的にはそれが何十倍となって戻ってくることもある。

ペンシルバニア大学のアダム・グラント教授は、組織心理学という分野を研究しており、彼は人を三つのタイプに分類している。まず、利他的に振る舞い惜しみなく人に与える「ギバー」、自分の利益優先の利己的な「テイカー」、そしてこのバランスを重視する「マッチャー」である。そして企業の中でこの三者がどのようなポジションにいるかを検討した結果、最も給与が高いポジションにいたのはギバーだったのだ。ギバーは人を助けることで、結果として他人から様々な恩恵を受け、逆に得るだけのテイカーはいつかは懲らしめられることでトップには立てないのだ。こうした利他の重要性は後にまた考察しよう。

苦労と失敗

さて、我々の想像をはるかに超えた偉業を成し遂げた僧侶の塩沼亮潤《りょうじゅん》さんも、多くの人から愛されている人の一人だ。彼は、奈良県吉野の金峯山《きんぷせん》寺で出家得度し、仏教で最も厳しい修行である「千日回峰行」をやり遂げた人物で、それは大峯千日回峰行1300年の歴史でまだ二人しか達成できていない偉業だそうである。片道24㎞、高低差1300mの山道を1日16時間かけて往復し、それを4カ月間続ける。これを毎年行い、9年続けることで合計千日間の修行を行うという凄まじいものである。さらにこの後に、今度は「四無行」といって9日間、「ものを食べない」「水を飲まない」「眠らない」「横にならない」という状態で、堂に入ってお経を唱え続ける。これで晴れて満行になるのだ。途中で何度も死を覚悟したそうだが、私が気になったのは、これを達成した後にどのような世界が見えてくるのか、ということだった。

塩沼さんはある講演で、修行後に三つの言葉にたどり着いた、と語っていた。それが「ありがとう」「すみません」「はい」である。つまり、お互いに感謝、反省そして敬う心を持って接することが、社会の幸福実現への基盤であることに気づいたのだ。その後、塩沼さんは講演などを通じて幅広く交友関係を広げ、多くの人の心に潤いを与えている。

私も彼に会う機会に恵まれ、その後に住職を務めている仙台の慈眼寺に行って護摩行も拝見し、またご自宅の家庭菜園で一緒に人参の収穫をさせていただいたこともある。お話ししていてとても気さくでやさしく、そして明るい性格で腰も低いのだ。ある意味で仏教界の頂点に君臨していると言ってもよいと思われる人なのだが、まったく偉そうなそぶりを見せず、むしろいつも頭を垂れている印象で、私が考えている愛される人のパターンそのものの人物である。荒行を成し遂げた人ということで、当初は近寄りがたい、というイメージを持っていたが、すぐにそれが覆され、ほぼ同い年ということもあり、私は今やすっかり彼の大ファンである。

もう一つ愛される人としてぜひ取り上げたいのが、大きな失敗をした人である。大抵の偉人は、過去のいろいろなエピソードを話してもらうと、あのとき失敗した、という話題が出てくる。逆にまったく失敗体験もなく、すべて順調に頂点まで駆け上っていった人を私は知らない。先日ある会社の社長にお会いした時、壮絶な半生の話を偶然耳にする機会があった。

彼は以前に順調に売り上げを伸ばしていた時に、詐欺にあって大きな負債を抱え、会社を売り払ってもなお５０００万円の借金を抱えるどん底人生に転落したことがあったそうだ。それでも気持ちを切り替えて一所懸命働き、長い時間をかけて再び業績を回復し、今の地位を築いた。私が特に驚いたのは、その物語をニコニコしながらやさしい語り口で話すところであった。今や地元の名士で周囲からも慕われている社長だが、そのそぶりからは壮絶な過去があったことなどまったく想像できない。騙されたことで人間不信になるわけでなく、運命を嘆いたり誰かを恨んだりしている感じもなく、本当にいい笑顔であっけらかんとしていたのだ。私はその時、この人は本当に強い、と感動したのを覚えている。

大きな失敗をすることで、普段は得られない貴重な学びを得ることができる。なかなか気がつかない自分の弱点や過信を知り、自分の傲慢さを反省し、その結果苦しみと後悔の渦の中に叩き落とされることもある。そこから這い上がるのは苦しい道のりかもしれないが、世の中うまく出来ているもので、手を差し伸べてくれる味方もそのうち現れるのだ。世の中には騙す人もいれば助ける人もいる。マイナスに悲観せず、いつかプラスがバランスよく現れるのを楽観的になって信じることも大切なのだ。また、失敗した人は、どこか人間味があって温かい血が通っているのを感じないだろうか。自分も苦労している分、他人の苦労もよく分かるのだろう。だから、人に接する時に、相手の心にやさしく寄り添うことができるのだ。

そしてうまく気持ちを整理して再浮上できたときは、次は他人よりも恐れを感じずに大きなことに挑戦できるだろうし、また、困難に突き当たっても「何とかなるさ」という開き直りもできるようになる。これは、苦労をしてきた人だけが持つ人間力である。どんな逆境だろうと、その場での対応にそれなりに自信があるから開き直れるのだ。

アメリカのシリコンバレーの、とある企業の面接で、「これまで何社潰しましたか？」という質問があると聞いたことがある。要するに挑戦する人には失敗はつきもので、潰した会社の数が多い人ほど経験豊富と判断されて採用されやすくなるそうだ。ユニクロの創業者で、日本の大富豪調査でここ数年連続1位である柳井正氏も同じようなことを述べている。彼の著書『一勝九敗』に以下のような言葉があった。「いい失敗であれば、必ず次のステップにつながる。いい失敗というのは、失敗した原因がはっきりわかっていて、この次はそういう失敗をしないように手を打てば成功につながるというもの」

勉強と無駄

40歳を過ぎると皆さんも同じだろうが、どうしても新しい物事を覚えにくくなり、また物事を忘れやすくなってしまう。これはある程度は仕方ないことかも知れないが、その時に同時に思うのは、もっと若い頃にいろいろと勉強しておけばよかった、ということである。若いころに覚えたものは不思議と忘れないのだ。今思えば、高校生の時は勉強したものが何でもスッと頭に入る時期であった。この時期に例えば入試に関係ないから、といっていくつかの科目を勉強しないのは本当にもったいないことである。

私が今大変後悔しているのは、大学入試科目で地理を選択したため、世界史の勉強をあまりしなかったことである。世界史は暗記だけでなく、因果関係を解いていく必要があり、後で勉強するのは本当に時間がかかるし、なかなか年代や人名などを昔のように覚えられるものではない。しかし今や学会で世界中を飛び回ることになり、様々な国の研究者と会話する際に世界史の知識は必須である。そのため、訪問前にいつも苦労して高校生が読む参考書などを少し勉強しているのだ。

以上の経験から、私は中学生や高校生相手に講演する際はいつも、無駄な勉強は何一つない、ということを強調し、入試とは関係のない科目の勉強も強く勧めている。これはもちろん短期的に見れば時間をとられて損に見えるかもしれないが、幅広く勉強しておくことで選択肢も増え、将来世界が大きく広がっていくのは間違いないのだ。

また、私は大学教員として、大学生や院生を毎日見ている立場にある。そこで最近感じていることが、情報化社会の強い影響である。とにかく様々な情報をネットで集めて、その中でマイナス評価があると敏感に反応し、それを避けて効率よく人生を進みたがる傾向が強くなっているのだ。効率よく、という意味は、何らかの目的に対して最小限の努力で達成するということで、それ自体はもちろん大変素晴らしいことである。

しかしここで問題にしたいのは、その目的設定である。大学を卒業するということだけを目的とすれば、卒業要件には関係のない講義は学ぶ必要はないし、単位数も規定の最小限だけあればよい。また選択科目も、自分の興味から選ぶのではなく、単位のとりやすい科目を選ぶのも戦略の一つであろう。また、卒業のためにはサークル活動は必須でないため、サークルには入らない、という選択肢もあり得る。しかしそんな単純に割り切って考えてよいのだろうか。

今思い出してみると、自分が学生の時に少しはそのような戦略はあったかもしれないが、やはり選択科目は最終的に興味で選び、また空いている時間に他学部の講義を余計にいくつも受講した。そしてラグビーや英語のサークルに入り、熱心に課外活動をしてきたのだ。私が行ってきたこれらのことは、すべて無駄だったのだろうか。あれから四半世紀を経た今になってはっきり分かることは、こうした活動はほぼすべて私のかけがえのない財産につながっている、ということだ。サークル活動で苦労をともにした友人たちが、今や大学での同僚や国の官僚、そして大会社の社長になっている人もいて、専門や所属を超えて様々な事柄について信頼して相談できる相手となっている。また昔に余分に受講した心理学や生物学などのおかげで、だいぶ後に研究のヒントが浮かび、まったく新しい論文発表をして国際的にも高い評価をいただいたこともある。これらはもちろん当時は思いもしなかったことで、後になって時間差で効用が出てきた例である。

拙著『無駄学』(新潮選書)にも書いたが、無駄とは「目的」「期間」「立場」の三つを定めないと決まらない概念なのである。例えば先の例では、期間を3年などと定めれば、受験や卒業に関係のない科目を学ぶのは無駄かもしれないが、期間を30年とすれば、いつかは役に立つ時が来ると考えられるので、無駄なものなど無いといえるだろう。また、「無駄の効用」という言葉があるが、これはもともとの期間設定が近視眼的なものだったため、長期的な効果に気付かなかったときに使う言葉なのである。

目的についてはアリの行列の話が分かりやすい。アリは餌場と巣の間を往復しているが、このときに全体の約2割のアリは餌運びをサボっているのだ。私が観測した例では、5割がサボっていた場合もあった。全員で餌場と巣の間を真面目に往復した方が、エサ運びの効率は良いはずだが、実際にはそうなっていない。それではこのサボっているアリは無駄か、というと、決してそうではないのだ。外をウロウロしているうちに偶然に新しい餌場を探し当てたり、また餌場と巣の間のより短いルートを探し出したりする。つまり、ある餌場からの餌の運搬、という目的ではこのアリたちは確かに無駄かもしれないが、巣全体の存続、という目的ではまったく無駄になっていないのだ。これは目的のとり方次第で無駄の概念が変わる好例であろう。

室町時代の猿楽師・世阿弥の『風姿花伝』には、「時に用ゆるをもて、花と知るべし」とある。これは、物事はその時に有用なものを良しとする、という意味である。つまり物事が無駄か有用かの判断は、その時代や環境によって決まるもので、あくまでも相対的なものである、ということを述べている。今それは無駄だから、ずっと無駄だ、という絶対的なものと思わない柔軟さが必要だということだろう。

研究と流行

大学ではふつう四年生から、正解というものが知られていない研究の世界へと進んでいく。問題が与えられてその正解を求める、ということに慣れている人にとっては、まったく異なる世界に飛び込むことになるのだ。したがって、勉強ができる人がそのまま研究ができる人になるわけではない。研究では、まず問題を自ら見つけることから始まり、答えのないところで試行錯誤し、長い時間かけて周囲を納得させながら正解を作り上げていくため、勉強とは異質の能力が必要なのである。

そのため私は研究室の博士課程の指導では、基本的に自律的に研究を進めてもらうようにしている。学生が困っている時は、もちろん相談には乗るが、このようにすべきという方向づけを与えることは絶対にしない。試行錯誤や失敗をすることが長期的に見てその本人の力になるし、また予定調和でないオリジナルの結果が生まれるのである。そして何が失敗かは後になってみないと分からない。

また、底の浅い武器だけ身につけて流行りのテーマで論文をどんどん書いていくのは危険である。一時の業績を上げる目的では有効であるが、すぐに似たような論文がたくさん出てきて、ネタが尽きてしまう。しかも深みがないため、他人に引用されることも少なくなる。逆に、習得するのに時間がかかる深い手法を身につけた人の研究は、なかなか真似されずにオンリーワンとなるし、長い間研究を続けていくことができるのだ。とにかく若いうちに参入障壁の高い武器を身につけることを忘れてはいけない。そういった意味で目先の業績稼ぎに心を奪われず、試行錯誤と失敗を繰り返し、しっかりした基盤を早い段階で築いた方が長期的目線で考えるとはるかに良いといえる。

世阿弥の金言をここでもう一つ引用しよう。それは、「時分の花を誠の花と知る心が、真実の花になお遠ざかる心なり」という言葉である。これは、今の時点で華やかに見えて人気があるものは一過性のものかもしれず、そういうものに惑わされてしまうと真実にはたどり着けない、という意味である。今や情報が社会に溢れ、我々は様々な流行に惑わされ、振り回されている。なかなか真実の見極めは難しいのだが、私は、流行りのものに飛びつかないというのは研究をする人にとって極めて大事な特性の一つだと感じている。今流行している研究の後追いばかりしていると、実はいつまでも二番煎じの成果しか出せないことがほとんどである。逆に今誰にも注目されていないことをコツコツと研究している人は、いつか自分の研究が注目されたときは他人のはるか先を歩いているので、圧倒的に有利な立場を手に入れることができる。すぐに移りゆく「時分の花」など気にせず、自分が興味のあることを信念を持って続けていく方が、長い目で見てはるかに大切なのである。そのためには、やはり基礎は大事で、地味に見えることもしっかりと若いうちに時間をかけて勉強しておけば、それは必ず将来どこかで生かされる時が来るし、後になってそうしたスキルを習得するのはかなり難しいため、有利になるのだ。

ただし、流行に乗りたくなる気持ちも理解できる。それは流行の研究は、研究費を獲得しやすくなるからである。そうなれば、新たな実験装置などを購入でき、また海外での学会発表の旅費も支出可能になる。さらに特任研究員などの臨時のスタッフも雇うことができるため、自分の研究をさらに活性化できる。それでは、流行に次々と乗って成功しているごく少数の研究者とはどのような人たちなのだろうか。実は、そういう人たちに共通する特徴として、流行にあまり左右されない数学などの普遍的な素養をしっかりと身に付けている、ということが挙げられる。したがって、やはり若いうちに地味だが重要な学問を身に付けておくことは大切なのである。

教えないことの大切さ

多くの学問の基礎になるものの一つは、数学である。どの分野に進むにしろ、数学を使いこなせるだけで周囲より有利な立場に立てる、というのは誰しも認めることだろう。ここで、その数学の勉強法について重要なコツをお話ししたい。それは、答えをすぐに見てはいけない、ということである。問題を読み、少し考えて、解けなければ答えを見て覚える、ということを繰り返せば、問題集を早く解き終えて効率が良いように感じるかもしれない。しかしこの勉強法をしている人は将来伸びないと断言できる。

教師の側から見れば、学生が悩んで立ち止まっていると、つい助けたくなってヒントや答えを教えたくなることが多い。確かに自分が若い頃はそうしていた時もあったが、しかしそれは正しい教育でないことに気がつき、今はすぐに教えないようにグッと我慢している。答えをすぐに教えてしまうと、学生の貴重な試行錯誤の時間を奪ってしまうのだ。うまくいかない時に、我々はああでもない、こうでもないと試行錯誤をする。実はこの過程こそが重要で、覚えたての知識が自分の知恵となって身に付く瞬間なのである。単なる知識を、生きた知恵に変える変換装置が試行錯誤で、これがないと知識があっても使えるものにはならないのである。

試行錯誤の際にいろいろと無駄に見えることをするが、その回り道こそが重要であり、その際に教師は決して外から正解を教えてはいけないのだ。人は誰でも実際に何度も失敗することで様々なことを学んでいくものであり、こうして得た知恵をいくつ持っているかで将来の伸びが決まってくるといえるだろう。これはもちろん数学だけでなく、生活や仕事の様々な場面においても重要なことである。まさに以前述べた、論語の「速やかならんと欲すれば則ち達せず」である。

しかし今や効率化の名のもとに、この試行錯誤の時間が無駄だということで削られ、それが原因で長期的に見てかえって取り返しのつかない大いなる無駄を生みかねないのだ。とにかく人材育成に関しては、何をするにも効率優先ではなく、とにかくひと手間かけよう、という姿勢が大切である。

これに似た話で、私が以前見た興味深い電車の車内広告を紹介しよう。それはアフリカへの食糧援助の啓発ポスターであり、食糧難民の人がこう訴えていた。「私たちが欲しいのは食糧ではありません。食糧の作り方を教えて欲しいのです」

さて、研究の世界で今大きな問題の一つが、超高学歴ワーキングプアとも呼ばれるポスドクの増加である。ポスドクとは、ポストドクター、つまり博士課程を修了したが、狭き門である大学の常勤職に就職できずにいる研究者のことである。こうした人材がいま日本には1万5000人以上いるといわれており、そのうちの約三人に一人が35歳を超えているというデータもある。かなりのスキルを身に付けた人たちが社会で活躍できていないというのは大いなる国家的損失であろう。この問題の原因は様々であり、解決はなかなか一筋縄ではいかない。まず研究者側の問題として、スキルが狭い人は就職先が見つかりにくい、ということが挙げられる。自分の専門にぴったり当てはまる研究職はふつうほとんど存在しない。したがって、時代や環境に合わせてだんだんと自分の専門領域を広げていかない限り、どんどん就職は厳しくなっていく。そしてそのためには、やはりどの分野にとっても基礎になるような数学や統計学などの学問や、プログラミングのスキルなどをしっかりと習得しておくことが望ましい。

また、流行りの研究に次々に予算がつき、そこで短期に大量のポスドクが雇用されて3年程度で退職を繰り返す、という現在の時限プロジェクトのあり方にも問題がある。国の立場からすれば、人口の高齢化で社会保障費が伸びており、そのため限られた国家予算をなるべく効果的に配分したくなるのも理解できる。そうなると、現在の「選択と集中」型の予算方針により、どうしても目立っている流行りの研究を中心に短期で予算がついていくことになる。学会としても、流行りの研究での競争に勝とうという目的で莫大な予算を投入しようとする気持ちは分かるが、それが多数の研究者の協力という名のもとの犠牲で成り立っているようであれば、全体最適な方策ではないだろう。予算配分のあり方に関しても、長期的な意味での目的設定の適切さが問われているのだ。

便利さと引き換えに

我々の生活はここ半世紀で驚くべき変化を遂げた。例えば洗濯機は、戦後の三種の神器といわれた電化製品の一つであり、今やどの家庭にも当たり前のようにあるが、テクノロジーによって家事の重労働を軽減するのに大いに役に立っている。乗用車は、私が生まれた1967年での日本の総保有台数は約300万台であったが、2016年には6000万台を突破しており、ここ

50年で20倍にも増えたことになる。そのおかげで長距離の移動が便利になり、また経済活動もそれに伴い劇的に伸び、GDP（国内総生産）はこの間に十倍以上に伸びた。また、近年では、スマートフォンによって歩きながらでも自分の位置が地図上に表示され、見知らぬ土地での移動がかなり便利になった。

さて、このような技術の進歩で生活が便利になると、長い目で見て人間の能力は退化してしまうのか、という懸念を持つ人も多いだろう。例えばカーナビが普及することで、知らない土地での運転はとても便利になったが、一方、道を覚えようとしなくなるため、カーナビなしでは運転できない人が増えてきているのも事実だ。この対策として、興味深いカーナビの記事を少し前に新聞で読んだことがある。それは、一度通った道は画面表示が薄くなり、何度も通るとその道の表示が最終的には消えてしまう、という機能を持ったカーナビだ。これには驚いたが、消えてしまうならば、人は必死で通った道を覚えようとする。なかなか興味深いカーナビだが、その後このアイディアがどうなっているのか調べているうちに、ネットで「不便益システム研究所」というサイトに掲載されているのを発見した。まだ商品化されていないようだが、これは京都大学の川上浩司教授が研究している不便益という概念に基づく提案であった。この研究所では、人と人工物の関係を考えなおし、不便さも取り入れた新しいデザインを研究しており、便利さを追求するこれまでの開発と一線を画しており大変興味深い。

その他にも、例えばワープロソフトを使い始めてしばらくすると、漢字が書けなくなってくるという経験があるだろう。読売新聞の調査によれば、パソコンや携帯電話のメール機能を使うことで、漢字を正確に書く力が衰えたと感じる人が約7割にも上ることが判明した。私も講義をする際に、板書の途中で漢字を忘れてしまい困った経験がある。やはり漢字は実際に手を動かして書かないとどんどん忘れていくのだ。それでもワープロソフトは便利で、検索や一斉置換などの細かい編集が一瞬でできるし、追加の文を挿入するのも楽である。原稿用紙に文章を書いていると、こうした検索作業は膨大な時間がかかってしまい、また文章の挿入も時には紙を切り貼りするなど、かなり大変な作業になる。このようにワープロは生産性が一気に向上するため、漢字を忘れるデメリットを上回って皆が使うようになったのだ。

また、ラジオの時代からテレビが普及するにつれ、これまで言葉で想像していた世界が目の前に提示されることにより、人間の想像力は落ちてしまうのではないか、と心配されたこともあった。

脳神経外科医の板倉徹氏が光トポグラフィという技術を用いてラジオを聴いている際の脳の活動の様子を調べたところ、創造性を司る前頭前野の血流量がテレビを見ているときより明らかに多く、活性度合いが高いことが分かったそうだ。テレビは一瞬で映像が頭に入るため、創造というプロセスはほとんど無いが、逆にラジオは音から場面を想像しなければならないため、この活性の差が出たのである。これにより、確かにラジオの方が創造性は刺激されることが分かるが、やはり映像が持つ情報量やインパクトは圧倒的であり、メディアとしてのラジオの地位はテレビの登場で相対的に低下してしまった。しかしラジオには、車の運転や家事、または農作業など、何かしながらでもあまり邪魔にならないというメリットがある。ちなみに私も小学生の時から高校まで、勉強しながらでも聴けるためずっとラジオ派であったが、今ではやはりラジオに比べたらテレビを見ている時間の方が多くなってしまった。

介護においても似たような話を聞いたことがある。介護住宅では、家の中の段差を極力無くすなどのバリアフリー化が進んでいる。しかしそこで働いている私の知人のホームヘルパーは、バリアフリーで便利な住宅に改装したところ、住人の痴呆が逆に進んでしまった例を見たことがあるそうだ。もちろん因果関係の証明は難しいため断定はできないが、もしかしたら手間のかかる段差をわざと少し残して不便にしておいた方がよかったのかもしれないのだ。そういえば寺はバリアフリーにしていないところが多く、特に山寺は何段も階段を登ったところにあり、決して高齢者に優しいとはいえない。それでも苦労して行けば、より御利益を受けられそうな感じもするので、便利で安全をとるよりも精神的な効果の方が上回ってそのようになっているのかもしれない。

便利は人をダメにするのか、という問いは重要であり、電卓を使うようになって暗算力が落ちたとか、携帯電話を持つようになって電話番号を覚えなくなったなど、例を挙げたらきりがない。ここではさらに便利と引き換えに犠牲になっている別の面についてもう少し見ていこう。

近年はパソコンやインターネットが大いに発達し高機能化が進んでいるため、いろいろと便利になった反面、中身がどんどん複雑になってブラックボックス化が進んでいると感じる。一応私も理系のはしくれとして、パソコンが出始めた時は少なくとも中でどのように動いているのか、様々な雑誌などを読み漁って大雑把ではあるが理解していたつもりである。ところが近年は背後でどのようなデータがやりとりされているのか極めて分かりにくいため、不安になることが多い。

例えばネット通販を考えてみよう。画面でボタンを数回押すだけで手軽に商品が買えて、しかもすぐに手元に届く便利さがあり、利用者は近年格段に増えている。総務省の平成27年度の調査によれば、個人利用率は全世代平均で7割を超えているという驚くべき数字が報告されている。しかし、ネットで商品を購入し、クレジットカードの決済をした後に、類似のおすすめ商品の広告表示がブラウザに出たり、直接広告メールが来るようになった時は、私はかなりの恐ろしさを感じた。自分の選好がデータとして会社に蓄積されているのだ。この状況について、我々はプライバシーを捨てることで便利さを手に入れている、と佐々木俊尚《としなお》氏はその著書『レイヤー化する世界』で指摘している。利便性とプライバシーはなかなか両立せず、我々は危険性を承知しながら便利のためにプライバシーを犠牲にしていく宿命にあるのかもしれない。

クラウドサービスについても同様で、タダで外部記憶媒体に自分のファイルなどを保存でき、いつでもどこからでもそれにインターネットを通じてアクセスできる世の中になるなどとは、パソコンが出始めた当時は誰も想像していなかっただろう。しかしクラウドサービスの運営者はその個人ファイルを見ようと思えば見ることができるわけで、企業ではフリーのクラウドやメールサービスを使わないように指示しているところも多い。また何も設定を変えないと、デフォルトでデータファイルをクラウドに勝手にアップロードするソフトもある。これは例えば海外に行った際に、もしもパケット使い放題の契約になっていない場合、知らないうちに裏で膨大なファイルがやりとりされることで多額な料金の請求につながるため、注意が必要である。そのため、私は便利さを捨ててソフトのサービスはすべてオフにしており、自分の端末からインターネットに流れるデータをできるだけ把握するように努めている。しかしソフトはどんどん巧妙に進化しており、こうした抵抗は限界があるため、いずれ大きな波に飲まれてしまうのかもしれない。

セキュリティの面でも、最近はどこでもパスワードを定期的に変更するよう要求されるようになってきた。それでももちろん安心度は高まるが、今度は変更した新しいパスワードを覚えられずに忘れてしまうこともあり、かえって不便になったと感じる。そう考えると、安心と利便性も相反しており、このバランスをうまくとるのは難しい。ただ、今はバランスどころか、どんどん過剰セキュリティの方向に向かっており、安心を不便で買う時代になっていると感じている。

スポーツ——最初は負けでも

リオデジャネイロでのオリンピックも終了し、いよいよ次は２０２０年の東京オリンピックである。私が勤務する東京大学でもこれに向けて様々な取り組みがスタートしており、中でも全学をあげてスポーツ先端科学研究拠点というものを立ち上げ、効果的なトレーニング方法やビッグデータ分析、それから計測技術などについて研究連携を開始した。私も競技を行うための効果的な戦略について貢献できると考え、参加を表明した。スポーツは一般にルールが厳格に定められており、その範囲内で勝負をして優劣を競うものである。これはもちろんスポーツに限らず、あらゆるゲームに共通したことである。ルールの無いゲームは存在せず、逆にルールによる制限を課した方がゲームは面白くなるのだ。自由に好き勝手する方が楽しいわけではなく、どこか不自由さがある中で勝負する方が我々はより公平感や満足感を得ることができる。

それでは、そのルールの範囲内で、どのように戦えば勝てるのだろうか。必勝戦略のようなものがあれば素晴らしいのだが、もちろんそのようなものがあれば誰もそのゲームをしなくなってしまうだろう。しかし、勝ち続けている人は何らかのコツに気が付いている可能性もある。近年はこうした経験が体系化され、スポーツ科学として活発に研究が進められており、競技によっては戦略こそが勝敗を決する大きな要素となっているのだ。例えばアメリカンフットボールは戦略が極めて重要であり、攻撃やディフェンスの際の陣形やパスを出す方向など、戦略や戦術を分析する専門の分析官がチームに入っているところも多い。

身近な例で、マラソンを考えてみよう。目的は最も早くゴールすることであるが、そのためにはもちろんスタートから全力で走ってはいけない。目的を達成したければ、逆に速度をセーブして一定のペースを守り、体力を温存していくことが重要なのは当然である。これは競馬も同じで、2000m以上の長い距離を走る場合、血気盛んな馬は飛ばしすぎると最後で抜かれて勝利を逃してしまう。騎手はいかにその馬をなだめて張り切りすぎないようにするかがポイントになるのだ。このペース戦略はまさにスポーツ科学の領域だが、もちろん身体的能力や地面の状態など様々な条件に依存しているため解析は難しい。そこで、すべての条件で最適に走る戦略を考えるのではなく、部分に分けて限定的に考えるのも有効である。

例えばマラソンでは自分の得意な上り坂での走りを極限まで鍛えて、他で負けてもここで挽回して勝負をかけるという戦略もありうるし、逆に苦手な条件での走行を練習して克服する方法もありうる。これは入試対策も同じで、すべての科目を満遍なく勉強する方法ではなく、得意科目で絶対に満点近くとる戦略、あるいは苦手科目の点を少しでも上げる戦略などがある。そしてこの戦略次第で練習方法もかなり変わってくるため、各人の個性に合った戦略の見極めはとても重要なのだ。

ここで思い出す人物が、日本人女性初のオリンピックメダリストの人見絹枝である。彼女は1928年のアムステルダムオリンピックにおいて大活躍をした陸上選手である。彼女はそのオリンピック直前まで100mの世界記録保持者で、オリンピックでも100m走において金メダルが期待され出場したが、残念ながら準決勝で敗退してしまったのだ。そこで、このままでは終われないと考え、急きょ予備登録しておいた800m走に出場することを決断したが、実はこの距離は一度も実戦で走ったことがなかったのだ。それでも彼女は「700mのつもりで走ればよい。残りの100mは私はスペシャリストで、体が覚えているはず」という、ほとんど思い込みともいえる戦略で走ったそうだ。その結果、途中6位であったが、最後になってどんどん追い上げ、ラストはスイッチが入って1位と約1秒差の2位でゴールイン、見事に銀メダルを獲得したが、ゴールとともに倒れて意識を失ってしまったのだ。

彼女はその3年後に病に倒れ、24年の短い生涯を閉じたが、８００m走のこの記録は日本陸上界の金字塔ともいえる大記録として残ったのだ。彼女の戦略は、科学的根拠というよりも、心理的な要素が強いと私は思うが、そういった意味でもスポーツ科学はこれからの挑戦的な学際研究なのである。

次に私が以前に関わったスポーツ科学の戦略研究について紹介しよう。これは拙著『無駄学』にも書いたことだが、１９９８年の長野オリンピックにおいて、私はボブスレー競技の技術顧問としてチームに参加させていただいた。ボブスレーは氷上のF１レースといわれ、ジェットコースターのような専用コースを２人あるいは４人でソリに乗って最高時速１４０㎞もの速度で走り抜ける競技である。１００分の１秒を争うスポーツなので、ほんの小さな要因でも簡単に順位が入れ替わってしまう。当時いろいろとデータを分析していたところ、スタートダッシュが重要であることに気付き、物理学を用いて理論解析を行ってみた。

スタート地点では、選手たちはソリの外に降りた状態で待機しており、スタートの合図とともに皆でソリを手で押しながら勢いよく氷の斜面の上を走っていく。そしてスピードが出てきたら一気に全員がソリに飛び乗って、あとはそのまま弾丸のようにゴールに向かう。これまで日本チームは、自分の限界ギリギリの速さまでソリを押してから飛び乗っており、これが最もゴールタイムが短くなると考えていた。しかしボブスレーに取り付けた速度センサーのデータを詳細に分析してみると、選手が乗り込む瞬間にソリの速度がガクンと落ちていることを発見したのだ。この理由は初めは分からなかったのだが、選手にインタビューしているうちに分かってきた。

選手が自分の走行能力ギリギリまで頑張って押すと、乗り込む瞬間にソリは加速により自分の最高速度よりわずかに速くなってしまうため、ソリを手前に引かないと乗り込めなくなるのだ。つまり、一所懸命押して最後に引いていた、ということが判明したのだ。そして理論解析の結果、この乗り込みの瞬間にソリを引いている速度ロスがゴールタイムに与える影響は、約0・5秒にもなることが判明した。

そこで、我々は新しいスタート方式として「蹴り乗り方式」というものを提案した。これは、自分の走れるギリギリの速さまで押すのではなく、およその7割から8割程度の速さまで押したら、残りの力で氷を蹴って、ソリを引かずにジャンプして乗り込む、というものだ。つまり、早くゴールしたければ、思いっきり押さない方がいい、という逆説的な戦略の方が良いことが分かり、このスタート方式はその後の日本代表チームに採用された。練習では明らかにゴールタイムが改善し、我々もかなり期待してオリンピック本番に臨んだが、残念ながら当日は気温の変化が激しかったために氷の状態が大きく変化し、滑走順の不運などが重なってメダルは逃してしまった。しかしスタートから50mまでのラップタイムだけみればトップクラスの内容だったのだ。

オセロ――負けるが勝ち

私が小学生の時、周囲でオセロゲームがかなりのブームになったことがあった。皆が競い合って勝負し、私もどうしたら勝てるのかかなり真剣に練習していた。ある時、市内の別の小学校に関東大会でベスト8に入るオセロの天才小学生がいる、という話を聞いて、早速出かけて行って勝負をお願いしたことがある。今でもその時の対戦の雰囲気を覚えているが、相手は段違いの能力で、完全にもてあそばれて最後には完敗してしまったのだ。落ち込みながら相手の手を振り返ってみると、独学でやっていた自分に足りないものがよく分かった。

それは序盤でとにかく相手にわざと多く取らせる、という戦略だ。例えば自分が黒だとすれば、相手は白を簡単に取られてしまうような位置にわざと置いてくる。何を考えているんだコイツは、と思いながら、有り難くその白をはさんで黒にひっくり返していく。そうしているうちに、序盤でほとんど真っ黒になり、このまま白を無くせるのでは、と錯覚するぐらいになる。しかしだんだんと気が付くのだが、相手の白がほとんど無いため、置き場所が限定されてしまい、時には置き場所がまったくなくなりパスまでするようになる。そうこうしているうちに角（コーナー）をとられ、終盤は一気に縦横斜めが白にパタパタ変わっていき、圧倒的な負けに至るのだ。つまり負けるが勝ちとはこのことで、序盤で負けていれば、逆に中盤以降で主導権を握ることができ、一気に逆転できる。この戦略を初めて知ってから、オセロゲームに対してだけでなく、何か少し自分自身のものの考え方も変わったような気がする。

声楽——高音は下に引け

最近の私の趣味は声楽である。実際にプロのオペラ歌手に師事して月に1、2回程度指導していただいており、あまり上達はしていないが、少なくとも大声を出すことでストレス発散にはなっている。もう6年以上続けているが、テノールの高音に憧れて始めたので、あの高さの声を綺麗に出したい、というのが私の目標設定となっている。特にプッチーニが作曲した「ラ・ボエーム」というオペラが好きで、この第1幕に登場する「冷たき手を」というアリアを歌いたいのだが、これがプロでも声がひっくり返るぐらいの難物である。歌の最後に出てくる、いわゆる「ハイC」の音は、楽譜でいえば五線譜の上に飛び出した、1オクターブ上のド（C）の音である。このハイCが安定して綺麗に出せるテノール歌手は世界でもそう多くはないし、コンサートでこれが綺麗に出た演奏を聞くと、自然に涙がこみ上げてくる感動がある。私はもちろんまったくこの音には届かないが、練習で奇跡的に短時間だけ出ることがある。その瞬間は全身が何かにロックオンしたように同期し、何とも言えない感動に包まれる。その際に先生から教えていただいた言葉が印象的で、それは「高音を出すときは逆に下に引っ張る感じ」というものだ。

声楽の指導は、一般に感覚的な言葉が多く、頭より体で会得していかなければならないため難しい。さらに人によって身体という楽器が異なるため、万人に共通する方法などほとんど無いのかもしれない。ただ、私にはこの「下に引っ張る感覚」はよく合っているのである。高音はどうしても上の方に意識が向かおうとするのだが、その時にわざと逆の下方を意識するのだ。これにより体全体が安定して首回りの妙な力が抜ける感じがする。いつかこのハイCをもう少しまともに出せるようになったら、その方法を自分なりにまとめてみたいと思う。

健康――行き過ぎに注意

個人編の最後に考察したい話題は健康である。まず、ここ数年で感じているのは夏の異常な暑さであり、日本はついに熱帯の気候になったのかと思うレベルだ。私は仕事で外回りをすることが多いが、猛暑の時はアスファルト舗装からの強い熱気で、本当に目の前に蜃気楼を何度も見たことがある。そのため、わざと遠回りをしてもなるべく日陰の道を歩くようにしながら熱中症にならないよう気を付けている。

最近はテレビでも夏になると「熱中症に注意しましょう」という言葉を聞く機会が大変多くなった。私が子供の頃は、熱中症という言葉を聞いた記憶はなく、むしろ日射病という言葉を皆が使っていたように記憶している。日射病というのは実は正式な病名ではなく、直射日光による日焼けや熱が原因で起こる脱水症状や貧血などを指す限定的な言葉で、これに対して熱中症は広範囲な症状を含む医学用語なのである。したがって熱中症は太陽光が原因でなくても、気温や湿度の高い環境で起こるものも含んでいる、つまり室内にいても熱中症が起こる可能性があるのだ。

熱中症の中でも一番怖いのは熱射病であり、これは体温が異常に上昇してしまい、そのため脳障害が起こり意識がうすれて、放置すると死に至る可能性もあるものだ。人間は汗をかくことで体温を下げることができる。これは打ち水と同じ原理で、汗が蒸発する際に奪う気化熱のおかげで体内の熱を放出できる。ということは、熱中症になりやすい人とは、汗をかきにくい人ということになる。これは何で決まるのかといえば、汗を出す汗腺をいくつ持っているかであり、この数は3歳ぐらいまでの環境で決まることが知られていて、気候と大きな関係がある。

例えばロシア人はその数180万個、日本人で約230万個、フィリピン人で280万個と言われており、寒い国で育つほど汗腺数が少ないことがわかる。そして日本国内において、この数に個人差が生まれる原因になり得るかもしれないのがエアコンである。3歳以下でいつも涼しい環境で育つと、汗腺が少なくなり汗をかきにくい体質になる恐れがあるそうだ。暑さをしのぐためにはエアコンは必須であるが、それが逆に長期的に見ると熱中症にかかりやすい体にしてしまうというのは、何とも皮肉な話である。

この話は、無菌環境にいると、免疫力が低下して菌に弱くなる、というエピソードと似ている。日本は世界的に見てもトップレベルの清潔な国で、抗菌や除菌グッズなど様々なものが売られている。そうした環境ならではの問題の一つが、アトピー性皮膚炎や花粉症などのアレルギー疾患の増加である。つまり、丁寧に体を洗いすぎると、本来必要なものである常在菌までがいなくなり、そのため逆に悪玉菌が繁殖しやすい環境になってしまうのだ。行き過ぎた清潔はかえって様々な体調不良を引き起こす原因にもなるため、やはりバランス感覚が大事なのである。また、集団食中毒の原因としてたびたび話題になるＯ－１５７も、実は清潔な国にしか存在できない極めて弱い細菌なのである。この細菌は汚い場所では発生できず、清潔志向が行き過ぎた国でのみ発生し、発生したからといって除菌を進めるほど皮肉にもより発生しやすくなるのだ。

〈組織編〉

次に考えたいのは、個人の集まりである組織についての逆説的な事例である。組織といえば企業がその多様性の縮図といえるだろう。個人編ではまず長く愛されてきた人というテーマを取り上げたが、ここでも長く続いている老舗企業について最初に考察しよう。

老舗企業

企業の平均寿命というものをご存じだろうか。創業から何年でその事業を止めて店じまいするか、ということだが、１９８０年から２００９年までに創業した企業を調査したデータが中小企業白書で公開されている。それによれば、答えは23年であった。そして創業10年後には約３割の企業が、そして20年後には約５割の企業が撤退していることが明らかになった。これを長いと感じるか短いと感じるかは人それぞれかもしれないが、私にはほぼ予想通りであった。四半世紀も経てば、創業者も年をとり事業継承の問題も出てくるし、また企業をとりまく環境も当初と大きく変化しているだろう。そうした変化の波を乗り切るのは容易なことではないと感じたからだ。

それでは次に、現存する日本の企業の平均年齢はいくつだろうか。これも帝国データバンク発表の資料（2012年）に答えがあり、その年齢は35・6歳であった。ただし、中には1000年以上続いている企業もあれば、数年で倒産する企業もあるため、それらの平均をとること自体に意味があるかどうかは定かではないが、とても興味深い数字である。また、100年以上続いている企業を老舗企業と呼ぶことが多いが、その数は2万4792社もあり、全体の1・7％を占める割合であった。

また韓国銀行の別の調査（2008年）では、日本には創業200年以上の会社が3146社あり、その数は世界一だそうだ。創業200年以上の企業は全世界で5586社あるそうなので、その半数以上を日本の会社が占めていることになる。他に多い地域はヨーロッパで、ドイツには837社、オランダには222社、フランスには196社存在するそうだ。気になったのでアメリカで200年以上続いている企業も別途調べてみたところ、その数は12社であった。また、他のアジア諸国を見てみると、150年以上の企業が中国には5社しかなく、そして韓国も100年以上の老舗企業は7社のみで、最長でも120年の斗山《トゥサン》（重工業中心）である。ただし、ここに挙げた細かな数字は調査機関ごとに異なることも分かっており、それは同じデータベースを使っているわけではないため、ある程度は仕方ないだろう。それでも大まかな傾向はどれも似たようなものであり、日本には老舗企業が圧倒的に多いことは間違いない。

企業が長く続くというのは、もちろんそれなりの理由があるからである。こうした長寿の原因を探る研究はこれまでもたくさん行われてきているため、ここではすべてを網羅的に議論することはしないが、本書のテーマである逆説の法則に関係ありそうな部分を取り上げて、以下論じてみたい。

日本に多い理由

さて、日本の老舗企業はどのような業種が多いのだろうか。上位を見ると、食品や日用品を扱う企業が大変多く、特に酒に関連した製造業や小売業が多数を占めている。古来より酒は人々の大きな楽しみの一つであり、また各地元で愛されてきた独自の銘柄がたくさんある。人々の生活に根差してきた嗜好品であるため、地元を中心とした一定の需要は常にあることに加えて、長寿企業になる要因として国家の保護政策の影響も大きいと考えられる。それは、国はお酒の製造販売に関して、酒税法という法律で細かくその要件を規定してきたからである。例えばビールや清酒を造りたいと思えば、年間で最低でも60kℓ以上を製造しなければならない、というものがある。これはビール大びんで約9万5000本に相当し、なかなか個人で作れるレベルではない。その他にもたくさんの規定があり、こうした要件をすべて満たさない限り、酒の製造は許可されない。しかも違反した場合は懲役が科せられることもある大変厳しいものだ。そうなると新規参入には相当な覚悟が必要になり、逆にいえばそれが多数の業者の競争による値崩れを防ぐことにつながっているのだ。ただしビールの場合１９９４年以前には、この最低量がなんと年間２０００kℓだったのだが、それを法改正により60kℓまで下げたという経緯がある。それで誕生したのがいわゆる地ビールで、政府による規制が緩和され参入障壁が下がったため、大手でなくてもビール製造が可能になり、地方のブランドビールが多数生まれたのだ。

焼酎についても同様で、その過当競争を防ぐため、米、麦、サツマイモ、そばを原料とする焼酎製造の新規参入はしばらく認められてこなかった。九州地方のみに焼酎製造の老舗企業が集中しているのはそのためである。ところが２００５年に年間１００kℓを上限として製造が認められるようになり、例えばサツマイモの生産が全国2位の茨城県において、従来の日本酒メーカーが新たに芋焼酎を作り始めるなどの動きが起こってきた。こうした規制緩和の動きは確かにあるが、それでもやはり参入障壁は高く、既存の老舗酒造メーカーは国策によって保護されてきた側面がある。規制やルールを無くして完全な自由競争をすると、公平な参入条件となって皆にとって良さそうに思えるが、それは短期的な見方なのかもしれない。逆に少し規制する方が多くの人にとって結局良い状態で落ち着く、ということは十分に考えられる。ただし、『オリエンタル・エコノミスト・レポート』の編集長であるリチャード・カッツは、政府の政策が企業の参入余地を狭めており、それが競争の不平等を高めている、として老舗企業が多い日本に対して逆に警鐘をならしている。このように自由と規制のバランスは政治、経済、文化などあらゆるジャンルに関わる難しい問題であるが、逆説を考える上では興味深いテーマである。

他にも老舗企業の業種として数が多いものは、旅館業である。しかもそのほとんどが温泉地に立地したものである。温泉は古くから病を癒すために人々に利用されてきた。温泉が出る地域に集まってきた人々のために宿泊所ができるのは自然なことであり、それが現代に至るまで残ってきたと考えられる。これも人間の根源的な欲求である健康や快楽に関連した企業であり、そのニーズは無くなることはないだろう。さらに温泉は土地という実物に制約されているため、その数が無制限に増えることはない。この原理的な有限性も一種の規制になり、それが企業の存続条件として大きく作用しているとも考えられる。

また、老舗企業に多い他の業種として、貸事務所業が挙げられる。これは創業からこの事業をしていたわけでなく、例えば店舗ビルを建てて小売りをしていた企業が業績不振になり、本業をたたんでビルを貸し出すことで生き延びている、という例である。これは老舗と呼ぶには少々ためらわれるが、資産を持っている企業がその強みを生かして環境変化に適応しながらしぶとく生きていく、という立派な生存戦略の一つであるといえる。

次に、東京商工リサーチの2012年のデータから、100年以上続く老舗企業の売上高をみてみよう。それは、「1000万円以上1億円未満」が全体の32・1%で最多であり、次いで「1億円以上5億円未満」が32・0%となっていた。つまり、5億円未満の中小・零細企業が全体の約7割を占めていたのだ。従業員数別では、「4人以下」が3割で、次いで、「5人以上10人未満」が約2割であり、従業員数10人未満で過半数（52・6％）を占めた。逆に「300人以上」は全体の3・4％にとどまった。そして東証など国内証券取引所に上場する老舗企業はわずか469社で、100年以上長寿企業全体の2％弱しかなかった。これらのことから、規模を大きくしない方が実は長続きするのではないか、という推測も生まれてくる。企業に適正規模があるかどうかについては、組織論に絡めてこれまで様々な議論がなされてきたが、本書でも後ほど論じたい。

さらに私がここで取り上げたい老舗企業の重要な特性が、ファミリービジネスである。実は私がこれまでお付き合いさせていただいた老舗企業は、例外なくすべて「創業家」が経営を握ってきたものだった。ファミリービジネスとは、このように家族で会社を経営していくもので、創業者の息子や親族がその会社を継いで、さらにその子がまた継いでいく、という形態をとる。もちろんつねに創業家の人が社長にならなくてもよく、ただしその場合でも創業家は大株主などとして大きな存在感を示し、経営に対して大きな影響を与えている。これは中小企業のイメージが強いかもしれないが、トヨタ自動車やサントリーなどの大企業もファミリービジネスに分類できる。とにかく血縁関係のある人が常に経営陣にいる、ということが大事で、養子をとって事業継承していく例も数多くある。

こうしたファミリービジネスのメリットとして、まず資産が代々受け継がれるため、その分散を防ぐことができることが挙げられる。また、トップダウン的にスピードのある意思決定ができる企業も多い。そして経営陣は強い責任感を持ち、子や孫へと引き継いでいく長期的な経営戦略を立てている。そして顧客や仕入れ先との人間的つながりが深く続いており、信頼関係も厚い。

逆に短所としては、人事評価やガバナンスが身内に甘くなりがちで、それが不平等感を募らせてしまうこともあるだろう。また、経営はトップダウン的であり、そのトップの資質次第で組織が良くも悪くもなる。こうした短所を克服できた企業だけが老舗になれるのだろう。

ファミリービジネスの例として、名古屋にある中日本氷糖株式会社を紹介しよう。ここは梅酒を作る際に必ずお世話になる氷砂糖を製造販売している会社で、そのシェアは全国1位である。1895年創業の老舗企業であり、代々創業の福井家の子孫が経営を引き継いできている。そして雇用などを通じて地元へも多大な貢献をし、また廃校になった中学校を工場の一部として使用したり、絶滅危惧種のハリヨのための池を作ったりといった社会的貢献も活発に行っている。そのため、優れたものづくり企業として愛知ブランド企業の認定も受けて、地元からの信頼も厚い。

私は現在の福井会長に公私ともども長い間お世話になっている。以前あるサロンで皆で話をしていた時のエピソードを紹介しよう。会長は普段とても穏やかに話をされる温和な人なのだが、一度だけ語気を強めて意見を述べている場面を見たことがある。それは、ある人が福井会長に向かって「氷砂糖は梅酒と紹興酒のイメージだけど、他にいろいろと戦略を考えて事業拡大すればもっと儲かるのではないか」と話をしたときのことである。それに対して強い口調で、「私はそのような事業拡大はしません」とはっきり答えたのだ。福井会長の強い意志を感じた一瞬であった。利益が出れば、設備投資や他社の吸収合併などによって事業拡大をしていくのが典型的な会社の成長形態だと思うが、これまであえて拡大しない戦略をとっていたのだ。経営の適正規模というのは、身の丈経営とも呼ばれることがあるが、その規模感は老舗のオーナー経営者にしか分からない感覚なのだと思う。

長期投資

投資家として有名な大富豪ウォーレン・バフェットの総資産は２０１６年現在で６兆円以上と言われている。庶民にはため息の出る数字だが、彼はいったいどのような手法でその巨万の富を手に入れたのだろうか。

バフェットは世界最大の投資持株会社であるバークシャー・ハサウェイの会長兼ＣＥＯである。投資持株会社とは、様々な会社の株などの資産を持ち、それを長期的に保有することで配当や利子などを得る事業形態の会社のことである。したがって、株の売り買いを短期的に繰り返し、その取引から利益を得るような会社ではないことに注意しよう。つまり、長期投資という手法が彼のキーワードであり、長期的に業績が良いと判断した企業で、かつ割安な株に大量投資し、あとはじっとその企業の成長を待つのである。この間、企業が成長している限り株は持ち続け、その成長を応援していくのが彼の手法であり、決して高度な数学を駆使した複雑な分散運用手法を行っているわけではない。

また自分が尊敬できる有能な経営者の会社とのみ付き合い、事業内容が自ら理解できないぐらい複雑な会社には投資を行わないため、著しい成長をしている多くのＩＴ企業の株は買わない。この手法は、５分単位で売買を繰り返すハイリスクでハイリターンなデイトレーダーとはまさに対極にある運用方法である。長期投資は、もちろん短期で見た場合の利益は大きくならないが、長期間安定的な利益を得ることができれば、結局巨額の益につながる。こうしてバフェットは現在、ビル・ゲイツ、アマンシオ・オルテガ（ＺＡＲＡなどを手がけるアパレルメーカーの創業者）に次ぐ世界第３位の大富豪にまで登り詰めたのだ。

次に日本の長期投資家である、さわかみ投信の会長である澤上篤人氏の話を紹介しよう。彼は、長期投資は決して銭ゲバのように単にお金を増やすことではなく、自分の夢や思い、価値観を自分のお金で表現し、実現していくことである、と述べている。長期投資家は時代の先を見つめ、経済の発展と人々の生活の豊かさに貢献していくもので、この対極にいるのが強欲な株主と、それに応えようとして短期リターンをすべてに優先させる経営者である。リーマンショックはまさにこの短期的視野のゲームによって作り出された負の産物であり、それに未だ我々は苦しめられている。

では果たして短期のマネーゲームは本当に長期投資に比べて儲かるのだろうか。それについても澤上会長は興味深い考察を行っている。まず、長期投資の場合は保有している現金の範囲内で株を購入するため、すばやく予定額を全額投入できる。そのタイミングは下がり相場の時で、将

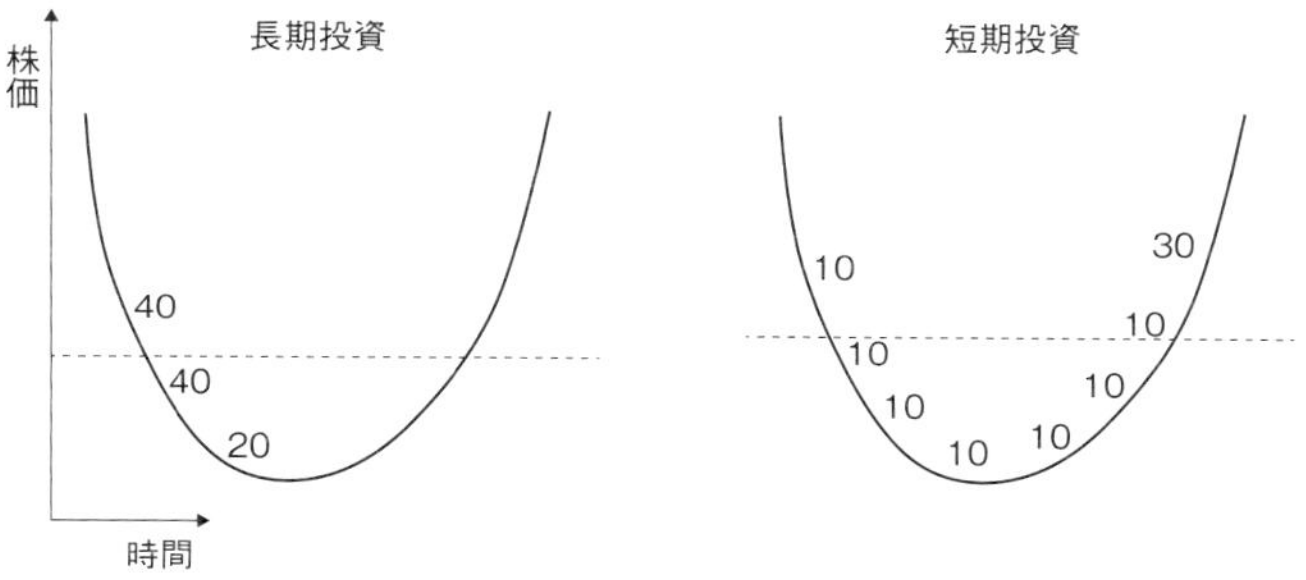

保有している現金の範囲内で株を購入。素早く予定額を全額投入できる。横点線は平均買いコストを表している。

レバレッジをかけているため小刻みに投資。素早く投入できないため、平均買いコストが高くなったり、予定額を投入できないことがある。

【図１】長期投資（左図）と短期投資（右図）の場合の株購入の例。

来上がるのを見越して全額を使って安い株を購入する。【図１】の左側のグラフがこの様子を表しており、株価が下がっているときに手持ちの１００万円を分割して投入（40万円を2回、20万円を1回）している例が書かれている。

　これに対して短期投資の場合は、信用取引などでレバレッジ（少ない元手で大きな取引が可能）をかけているため、儲かるのも損をするのも数倍になる。そうなると、失敗した時のことを恐れて小刻みに投資せざるを得なくなる。図の右側のグラフでは、手持ちの１００万円を10万円ずつに小分けにして投入しようとしている例である。投資のタイミングはもちろん同じく下がり相場であるが、少しずつしか買い足せないため、投資予定金額を全額投入する前に、相場が上がってきてしまう可能性もある。この上昇を確認すると残額を一気に投入しようとするが、既にその時には高値になりつつあるため、結局買いコストが上昇してしまうのである。【図1】の右図では、上がり相場で一気に残額の30万円を慌てて投入している例が書かれている。

また、長期投資家は、株価が将来上がるまでのんびりと何年も待てばよく、その後にはいつ売っても利益になる。逆に短期投資家は、毎日パソコンの画面とにらめっこで、株価の変動に一喜一憂することで自分の貴重な時間を無駄に使っている、と澤上氏は述べている。そして長い期間で比較すると、のんびり長期投資家と、きめ細かい短期投資家はあまり利益は変わらないそうだ。そうなると、時間を有効に使えている長期投資家に軍配が上がるだろう。

そして結局は、その企業が真に人々の暮らしに役立つモノやサービスが提供できていれば、長期的に見れば必ず成長していくため利益を生むだろう。こうした企業を時代のニーズとともに読むのが長期投資の醍醐味であり、短期の株価変動などいちいち気にしてはいけないのだ。

年金制度と投資

ついでに年金の問題にも触れておこう。年金こそ本来は長期投資で考えていくべきもので、確かに1970年代前半までは20年以上先を見据えて運用をしている会社がほとんどであった。しかしその後、年金積立金が加速度的に増えていくことで様子が一変した。この年金運用がビジネスになるということで、運用会社の間で競争が激化し、あっという間に短期で高リターンをめざす考えへと変貌してしまったのだ。またネット環境が整備され、データや資金がグローバルに流動する世界に突入していったのもこの短期志向を助長していったのだ。

2016年7月1日の朝日新聞1面で、GPIF（年金積立金管理運用独立行政法人）の運用損が昨年度1年間で5兆円を超えたことが大々的に報じられた。現在、年金積立金残高は約140兆円であるが、この運用の内訳として最も多いのが国債などの国内債券で約38%、次に国内株式と外国株式がそれぞれ23%となっている。したがって株価が下落すればこの程度の運用損が出るのは当たり前のことである。したがってあまり短期の結果で一喜一憂しても仕方ないのだが、メディアが不安を煽ることでますます国民は短期変動に敏感になっていくだろう。

また年金運用の構成割合（ポートフォリオ）も、これまでは国債など国内の債券が6割を占めていたが、2014年10月よりその方針を大きく変化させ、国内の比重を下げて上述のように海外株式を多く取り入れるようになった。つまり我々の年金は今やグローバルに駆け巡っており、以前よりも高いリスクをとるようになってきたのだ。もちろんそのおかげで高い運用益も短期で得られているわけだが、これは本来の方向性なのだろうか。そもそも年金は国民の老後の生活の安定のためにあるものだ。しかも日本は世界一の超高齢化社会で、現在四人に一人が65歳以上の高齢者であり、その割合は今後増え続けるだろう。ということは、高齢者の年金を支える現役世代からの収入はますます減る、ということになる。

日本の年金は、現役世代からの保険料をそのままその時の高齢者への支払いに充てる賦課方式のため、支払いに対して収入が足りない場合はこの140兆円の残高から取り崩され目減りしていくのだ。どのようなポートフォリオで運用していこうが、いずれこのままではこの貯金を使い果たし、年金制度は破たんするだろう。したがって長期的視野に立てば、ミクロな運用益を積み重ねていく作戦ではなく、根本的に老後の生活の安定とは何かを議論し、単にお金を配るだけではない、例えば何歳でも能力に応じて働けるような新しい社会像を考えていかなくてはならない。世界はいま年金制度も含めて日本の高齢化社会の対策に大いに注目しており、日本の進む道は今後の世界のあり方を左右するものになることは間違いない。逆にいえば我々が描く理想的な社会が世界のお手本となる可能性があり、これはまたとない日本のチャンスなのだ。

ROEと会計制度

２００年以上続く老舗企業が世界一多い日本でも、近年は残念ながら短期志向が深く根を下ろしつつある。２０１５年に東芝の不正会計事件が起きて、日本も米国のようにガバナンスを強化すべきという意見が多く出ているが、私はこの事件の根本原因はそこにあるのではないと考えている。この事件は、経営者が実態よりも利益を多く見せようと不正をしたものであり、それは短期的に利益が出ていることを株主にアピールしようとした行為なのである。せっかちな株主の顔色を窺いながら、その強い圧力を感じて短期のマイナスを隠し、いつもプラスである姿を見せようと画策していた内部の様子が目に浮かんでくる。

企業には、三つのステイクホルダーがいる。顧客、株主、そして従業員である。この三者の満足最大化こそが目指すべきものであり、どれかが極端に大きくなってバランスを崩してはいけないのである。時にはお互い矛盾することも出てくるが、それでもすべてがうまくいくよう折り合いをつけていかなければならないし、それこそが経営というものであろう。

しかし米国流のガバナンスを取り入れることは、株主への貢献を最大化することであり、短期的な投資家が喜ぶ経営方針にどんどん傾いていくことになる。これは、難しいバランスをとって船を漕いでいくのではなく、例えば速さを優先してそれだけを考えて突っ走る様子に似ている。分かりやすい指標を決め、そのものさしですべてを評価していく手法は、米国が得意とする合理的思考に由来するものである。

そのものさしの一つで、投資家が最も重視しているのがROEである。これは、「自己資本利益率」といわれ、（当期の利益）÷（自己資本）で計算するものである。つまり、株主が拠出した資本を使って、ある期間でどれだけ効率的に利益を生み出すことができたかを測る指標であり、これだけを見るとその企業の収益能力を的確に反映しているように見える。しかしよく検討してみると、かなりの問題を含んでいることがわかる。

例えば、ROEは自己資本を大きくすれば、分母が増えるため結果として小さい値になってしまう。つまり、借金のない経営になればなるほど自己資本比率が高まりROEは下る、というおかしなことにもなりかねない。また、将来への成長に向けた設備投資のために内部留保を増やせば、これも自己資本が増えることでROEは下がってしまうのだ。

逆に自社株買いといって、資金集めのために発行した株式を、内部留保したお金などでわざわざ買い戻すことをすれば、自己資本はその分減ってROEは上昇する。さらにこれにより発行済み株式の総数が減るため、1株あたりの利益率が増えることになり、短期的に株価が上昇して株主への還元につながる。しかし例えば新しい研究開発の予算を削ることでその費用を捻出したのかもしれないとなると、自社株買いはROEを上げるためだけの短期志向の経営判断であると言わざるをえないだろう。また、利益を上げるためには原価を下げればよいが、そのために正社員を非正規に置き換えて人件費を下げるとこれもまたROEの上昇につながる。

ROEは簡単に計算できる指標なのだが、以上の例の通りこれを上げるためには複数の方法があり、これだけで企業の実態を捉えるのは難しいのだ。実際に起こっていることをきちんと踏まえずに単純化して一つの指標で見てしまうのはとても危険であり、この短期的な指標だけで企業を判断すべきではない。

それでも2014年に経産省の提唱で一橋大学の伊藤邦雄教授を中心にまとめられた、いわゆる「伊藤レポート」では、日本企業が目指すべきROEの水準は8%以上と報告され、この対応のために混乱している企業も多いと聞く。現在、日本は平均で6・3%となっており、アメリカの13・4%に比べて圧倒的に低い数値である。ROEを無理に上げようとする取り組みが日本企業を変にかき回してしまわないか心配である。

株主から見れば、自分の資本によってその会社は素早く利益を出しているかどうかをチェックしているわけであり、ROEを重要に思う気持ちも分からないわけではない。しかし、長い目でみてその会社、そして産業や社会を応援する、という視点がほとんど感じられないのはとても残念である。

先日、株式公開をやめたというソフトウエア会社の社長とお会いする機会があった。その理由は、株主の短期評価に反発したからであった。自分たちがやりたいと思っていた長期的なことができなくなるため、あえて株式公開をとりやめ、独自の道を選んだのだ。株式公開によって大きな資金調達が可能になっていたが、あえてそのメリットを捨てて損に見える行動をとった。しかしおかげで今度は自由を手に入れたと笑顔で話をしてくれたのが印象的であった。

企業が短期的視野になるのは、その会計制度にも大きな原因がある。２００６年に定められた金融商品取引法により、上場企業はその業績を四半期単位（三カ月）で報告する義務が定められた。それまでは半年に一度報告書を提出すればよかったが、国際競争力の向上などの理由で短期での開示が決められたのだ。ちなみに米国は１９３４年にすでに証券取引所法で四半期報告書の提出が義務付けられていた。このように評価が四半期と短くなると、この間だけで評価をし、プラスの益でないものはダメという烙印が押されて仕分けされる可能性が出てくる。しかも近年は四半期よりももっと短い月期で評価される事業もあるそうだ。このような短期サイクルで評価してしまうと、よほど運が良くて儲かっている事業でない限り無駄と判定されてしまうだろうし、長期的な戦略はことごとく不可能になってしまう。以前に述べた通り、無駄は期間を決めないと定まらないのである。そして評価が短期になればなるほど無駄と判定されるものは増大し、短期でリターンのある事業のみが優先されるようになる。

さらに、ROEの計算式において分子にある利益についても注意が必要である。これは、かなり前にまいた種が開花して生み出された可能性もあるのだ。その場合、分母にある現在の自己資本によって分子の利益が生み出されているわけではない。つまり、利益と資本に時間差が生まれてしまっており、この場合はROEの割り算自体に果たしてどのような意味があるのだろうか。ちなみに私が従事している教育職は、その本当の費用対効果が出るのは教え子が社会の中枢で活躍する20～30年後である。ノーベル賞も20年以上前の研究成果が花開いたものばかりであり、例えば政府が補助金を増やした翌年にたまたま受賞したとしても、それはその補助金とは無関係なのである。

研究開発

教育以外にも、費用対効果が出るのに時間のかかるものとして、研究開発がある。私は企業の経営者から「研究開発はいったい何年我慢して待てばよいのか」という相談を何度か受けたことがある。誰でも研究や開発は時間がかかることは分かっているが、それなりに投資をしているのでいつまでも待っているわけにはいかない。それでは1年なのか、3年ぐらいなのか、あるいは10年も待つべきか、なかなかその判断は難しい。しかもこれまで述べてきたように、現代では経営がますます短期志向になってきているため、10年待てる企業はまず無いであろう。

しかしそもそも研究とは、計画通りにいくものではないのだ。特に前例のないものであれば、いつ成果が出るかなどまったく分からないのが実情である。何十年もダメかもしれないし、2週間後に革新的なアイディアがひらめくかもしれない。これは新しい研究にチャレンジした経験のある人ならば、誰でも分かっているはずである。しかしそういう人たちでも、いざマネージャーの立場になると、経営上の圧力でどうしても短めに期間設定をしなければいけないジレンマに陥る。そうなると現場は、その期間に合わせて予測可能な小さい目標設定をするようになり、また進捗管理される都合上、その目標からずれないように逆算的に研究を進めるようになるのだ。

このような研究からイノベーションが生まれるのは難しく、せいぜい予定調和のものが出来上がるだけである。また、期限を決めて進捗管理をするということは、途中で出てきた脇道に逸れるアイディアはすべて捨ててしまう可能性が高くなる、ということだ。実はそこにこそ予定調和でない新しいイノベーションの芽が潜んでいる可能性があるのに、それにとりかかることは計画変更になるということで新たな深掘りがしにくくなってしまうのは大問題である。さらに、設定した目標に対して、思うように研究が進まないこともある。研究なのでこれは当たり前の事だが、人事評価や研究費の配分が厳しく管理設定されている組織の場合、研究成果をねつ造してまでプラスの報告をしてしまう可能性も出てくる。大事なのは、なぜうまくいかなかったのかということを解明することであり、失敗にはイノベーションの芽が色々と潜んでいるのだ。

これまで述べてきた、試行錯誤の存在がここでも極めて重要で、この過程で得たノウハウや失敗こそが会社の財産になるのだ。それを効率化の名のもとに切り捨ててしまうと、長期的に見て大変な損になるだろう。そして他でうまくいったものだけコピーするようでは、自社で何も新しいものを生み出せず、結局は他社からは尊敬されず、そうなるとブランド力を構築することなど絶対にできないという悪循環に陥ってしまう。

今後、大企業はますます管理が厳しくなり、イノベーションを生み出しにくい体質になっていくだろう。したがって、米国では近年よく見られるが、今後はベンチャー企業が自由に研究を進め、そこで出てきたアイディアやプロトタイプを大企業が買って製品化していく、というビジネスモデルが増えていくのではないだろうか。時には大企業はそのベンチャー企業ごと買収することもあり、そうなるとブラックホールのようにどんどん企業を吸い込んでますます大企業は大きくなっていく。

その場合、大企業に所属していた研究者の役割とはいったい何だろうか。自分が研究をしたいと思って入った企業で研究ができず、労務や進捗管理のような仕事ばかりになってしまっては大変不幸であるといわざるをえない。しかし大企業が0から1を生み出す努力をせず、他が生み出した1を100にするという役割分担は、短期の効率化を進めていけば自然に導かれる結論なのかもしれない。成熟した大企業では、研究開発の試行錯誤の時間を、短期的な効率化を求める経営とどのように折り合いをつけていくのかが今まさに試されているのだ。

　また、すぐコピーされてしまうような商品ばかりを開発していては、長期戦で持ちこたえることができないだろう。売れると分かれば、すぐに類似商品が安い値段で登場するからだ。そこで、時間をかけてもなかなか出来ないものを作ることで、オンリーワンになれる。その候補の一つが日本のお家芸の「すり合わせ」によるものづくりである。「すり合わせ」とは東京大学ものづくり経営研究センター長を務める藤本隆宏教授が提唱した言葉だ。

　例えば、小さなケースにできるだけ様々な形の要素をたくさん詰める、という作業を考えよう。この場合、置き場所や入れる順番を考えずに、独立にポンポンと要素をケースに入れていくと失敗する。逆に様々な要素の位置関係を考え、それらを微妙にすり合わせながら入れていけばより多くのものを入れることができる。このすり合わせは職人芸のようなところがあり、数学的にも極めて難しい問題なのである。引っ越し業者の社員でも、2トン車に出来るだけ多くの家具を詰めることができるようになるには、相当な経験が必要だそうである。日本が得意な自動車や小型ノートパソコンでも、複雑な要素をすり合わせて全体を作り上げる技術が必要であり、これはなかなか真似のできるものではない。

　そしてこのすり合わせの対になる言葉が「組み合わせ」である。これは各要素を組み立てていくだけで製品になるものを指しており、大型のデスクトップパソコンがこれに相当するだろう。このタイプは初心者でも効率よく組み立てができるため、生産性は高くなるが真似されやすい欠点がある。そのため、すり合わせ型のものづくりは、習得するのに時間はかかるかもしれないが、長い目で見て参入障壁が高くなって強みになるのだ。

さらに研究開発では特許戦略も大切である。例えば商品を分解して調べるといったリバースエンジニアリングが難しいものは、特許を出さないことも検討すべきである。これで有名なのがコカ・コーラであり、特許を出していないためにあの黒い飲料のレシピは未だに謎なのである。そのおかげでこれまで誰にもコピーされず、その地位を守ってきているのだ。特許を出すことで短期的には安心できるかもしれないが、長期的に足元が崩されるようなことがあってはいけない。

営業戦略

企業活動で最も顧客に近い部分が営業活動である。そのため相手の財布の紐をゆるめるための様々な営業戦略は極めて重要で、ものづくりと同じように科学的に取り組む必要がある。実際に高度なデータ分析や人工知能、そして心理学などを駆使して独自のノウハウを築いている企業もたくさんある。

営業の世界は、まさに損をして得をとれ、という逆説の宝庫である。初めはタダで配布しておいて、それが広まって人気が上がれば、何らかの形で後から課金することで回収する、というビジネスモデルがある。例えばいろいろな人に聞いてもらうために、自分が作った音楽の一部をYouTubeといった有名な動画サイトでタダで配信したとする。そこでアクセスが増えて人気が出てくると、テレビのCMからの依頼があるかもしれないし、映画に使われる可能性だってあるのだ。

　別の例で、先日ある会合において様々な企業の制服を作る会社の話を聞いたのだが、営業戦略としてまず顧客企業の全社員分の制服を作り、1年間無料でそれを着ていただくのだそうだ。全員分の制服を作るコストはかなりのものであるが、それでも構わずに1年間もサービスをする。それだけ長期間着用すれば、皆が慣れて愛着も出てくるため、その後の契約も取りやすくなるのだそうだ。そのため長い目でみれば結局売り上げにつながり、今や業界では大手に成長している。

　また、徹底したサービスを提供してくれるディズニーランドも興味深い分析対象である。コストをかけて徹底したサービスを提供し、そのおかげで子供は素晴らしい夢の国の体験ができてすっかりファンになる。すると今度は自分が大人になり、結婚して子供ができると、子供にも同じ感動を味わってほしいと思うようになり、世代を超えてファンが広がっていくのだ。現在、確かにこのサイクルがしっかりと確立されており、長期的視野での営業戦略の例として特筆すべきものだろう。

ゲインロスとフロントエンド

　次に通販業界における例を紹介しよう。それは商品の返品に関する話題で、返品があるとコスト増につながるため、これまでカタログの説明を工夫するなどしてなるべく返品を減らすような戦略をとってきた。しかしロコンドという靴のネット通販の会社は、家で履いて気に入らなければば、無料で返品できるという驚くべきシステムをとっている。靴は確かに実際に履いてみないと自分の足に合うかどうか分からないため、ネット通販ではこれまで取り扱いが難しいとされていた。効率化が極端に求められる中で、このような返品無料サービスを行うのは大きな損だ、と思うかもしれないが、逆に他社にはないそうしたサービスを提供することによって徐々にリピーターも増え、業績を大きく伸ばしてきているそうだ。

海外のネット通販で有名なザッポスという企業も返品無料を行っており、さらに顧客とのやりとりをするコールセンターでも画期的なサービスを展開している。それは、顧客と何時間でもつきあう「雑談」であり、注文と関係ない身の回りの悩みの話など、できるだけ聞いて対応をしているそうだ。生産性という基準からは程遠いものであるが、逆に顧客からの感謝や口コミが広がり、長い目で見れば最高のホスピタリティの会社、という高い評判につながっている。

また、ゲインロス効果という手法も営業においてよく使われているものの一つである。これは、まず店舗の入口付近にやや高めの値段設定の商品を置いておく。もちろん顧客はそれは買わないが、中に入るとそれより安い商品が置いてあり、そうなるとお客さんの心理としては「先ほどのは買えないけどこれならば買える」ということで、つい手にとってしまうのだ。高めの値段を言っておいて後で下げると、それを十分検討せずになぜか許容してしまう、という人間の心理は知っておいて損はない。

また、逆に入口にお客さんを集めるための破格の商品を置く逆の手法もある。これはフロントエンド商品と言われ、利益はわざと度外視した価格設定になっている。そしてそれに引き寄せられて店舗に入った人に、バックエンドに置いてある大きな利益をあげるための本命商品を買ってもらう、という戦略である。この両者は真逆の方法であるが、要するに万能な戦略は無く、相手や商品特性などによって使い分けるバランス感覚が重要なのである。

さて、ここで私自身の体験から営業戦略を振り返ってみたい。今から約10年前に私は滋賀県にある龍谷大学から東京大学に赴任が決まり、住む場所を探すために上京して都内でマンションを探していた。マンションは一生の買い物であるため、できるだけ情報を集めながら慎重に条件を検討し、大学への通勤で乗り換えは1回までとか、周囲に買い物ができる大きな店舗があるなど、こちらの希望に当てはまる物件をついに二つにまで絞ることができた。そのどちらにしようか最後まで悩み、それぞれの担当者に交互に会って何度も話をしたが、なかなか決断できないままでいた。

A社はとても親切でパワフルな担当者で、物件の良いところを次々とエネルギー溢れる口調で説明してくれた。B社はもの静かで温和な感じの担当者で、物件の説明はパンフレットにある通りの内容だったが、私が聞いたことに対しては誠実に答えてくれた。さて、最終的に私はどちらの会社の物件を選んだかお分かりになるだろうか。答えはB社で、あれから10年経った今でもこの選択に満足している。

A社とB社の担当者の違いを私が受けた印象で言えば、押す人と引く人、という言葉が相応しい。相手が押してくると、自分はどうも少し引いてしまう。しかし相手が引くと自分は間合いを詰めようとして無意識に相手の方に歩み寄ろうとする。どうも恋愛の駆け引きにも似ているように思えるが、最後は物件よりもこの営業マンの印象で決めたように思える。これは逆の立場で考えれば、当然お客さんには物件を売りたいわけで、そのためには自分が知っている良いところをいろいろと説明したくなるのは当然であろう。しかしそれをグッとこらえて、聞かれたことだけを言うというのも実は他社との差異化という戦略の一つなのかもしれない。万人に通用する営業戦略というものはないと思うが、相手のタイプを判断して、それに合わせてセールス方法を使い分けるのも営業マンの腕であろう。

ただし、私にはこの「引く作戦」が効くと判断して意図的にそのように行動していたとすると、ちょっと怖い気もする。これは、実は家電を購入する際も同じで、これまでテレビやエアコン、あるいは携帯電話などを見に行った時、これが良いからと勧めてくる店では私は買った記憶がほとんどない。むしろ、この商品はここが良くてこれはダメ、などと淡々と質問に答えてくれるだけの店で購入している方が圧倒的に多いのだ。以上の話から本書の執筆で私がお世話になった担当編集者がどのような人かも、読者には想像がつくのではないだろうか。

さて、似たような話で、ある損保会社の営業マンから、以下のような興味深い話を聞いたことがある。保険の説明はどうしても細かい内容がたくさんあり、説明し出すときりがない。聞いている方は長い説明をじっと聞いているのも大変で、分からないことだけ教えてくれればそれでいい、という人もいるはずである。そこで、その損保会社は、どれぐらい説明をじっと聞き続けるとイライラしてくるかについて実験をしたそうだ。その結果、平均14分ということが分かり、説明は14分以内で終わらせる、ということを決めたのだ。そしてそのために必要事項を紙に書いてみたところ、ちょうどA3の大きさの紙1枚でまとめることができた。そうして営業回りしたところ、成約率がアップしたそうで、売りたいがための過剰説明を無くして逆に利益が向上した、という結果が得られたのだ。

物流と配送

物流は社会のインフラの一つであり、我々の生活を支える基盤である。そして多くの企業にとって自社の物流の効率化は重要な経営課題の一つであるが、なかなか思うようにいかないのが現状である。その原因は様々だが、配送トラックのドライバーなどの人材の確保や、物流センター等の多額の設備投資がネックになっていることが多い。そのため、物流は参入障壁が高い業種であり、逆にいえばこの分野を制することは長い目で見れば大きな意味があるのだ。

この重要性に気づいて、今やネット通販の業界で世界のトップに君臨しているのがアマゾン・ドット・コムである。アマゾンは売上高が右肩上がりで伸びており、2016年でついに約15兆円（約1300億ドル）に達した。これに比べて利益は約2500億円と横ばいになっているが、その理由を物流コンサルタントの角井《かくい》亮一氏は利益のほとんどを物流センター構築などの設備投資に回しているからであると分析している。確かに現在、物流センターの内部では様々な最新の機械を導入することで高度なオペレーションが行われている。例えば、これまでは倉庫に並んでいる棚にある商品を取ってくるのに人が走り回っていたが、今では床上を動き回る掃除機のような自動搬送機械を導入し、人は動かずにその搬送機械が棚ごと載せて自動的に人のいるところまで必要な商品を届けてくれるシステムを開発し運用している。さらにドローンを使って無人で荷物を届ける取り組みを試験的に始めるなど、次々に効率化を進めている。こうした努力によって、今や極めて高度な物流ネットワークを自前で構築しており、このおかげで物流コストを下げて、素早く効率的な配送が実現しつつある。

これと対照的なのが楽天である。2010年に楽天物流という会社を立ち上げ、日本に自前の物流ネットワークを構築しようと設備投資を始めた。ここまでは良かったのだが、約4年後にその投資がかさんだという理由で楽天物流は親会社の楽天に吸収される形で清算され、同時に物流センターも縮小されてしまった。物流事業が巨額の先行投資のために赤字が続くのは当然であるが、連続した赤字に耐えられずに4年で事業をたたんでしまったのは極めて残念である。物流はインフラであり、それ自体で利益を考えるのではなく、その他への長期的な波及効果で効果を測るべきなのだ。売上の多くを次の物流事業に投入し、物流関連のインフラを整備していったアマゾンの戦略は、その快進撃を見れば明らかなようにまさに損をして得をとれという言葉が当ては

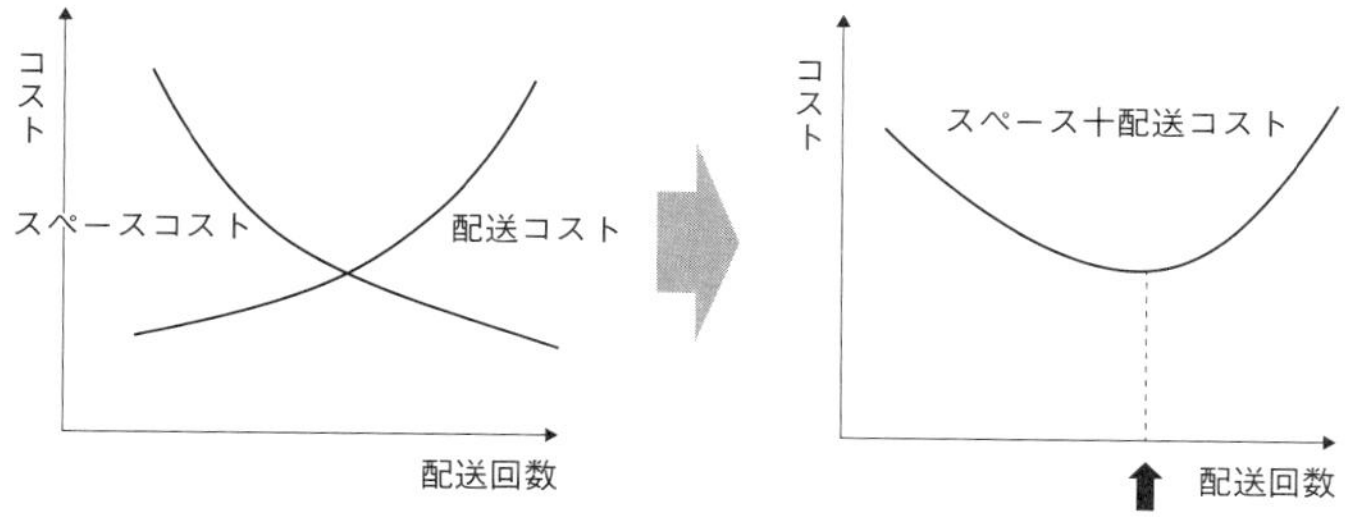

【図２】コンビニへの配送回数の最適化を考える。通常は右図のように「スペース＋配送コスト」が最小になるのがベストとされているが、例外もある。

まるだろう。

コンビニ業界も物流が要であり、例えばセブン‐イレブンは各店舗にトラックで1日平均9回もの配送を行っている。この多数回の店舗配送は道路の渋滞とも関係しているため、社会的にも重要な問題である。それでは、適切な配送回数の決め方について少しここで考察してみよう（【図2】）。

まず、配送回数が少ない場合、配送コストは安く済むメリットがあるが、店舗は客への売り逃しを避けるためにたくさんの商品を仕入れておく必要があり、店舗内での置き場所の確保が必要になってくる。そのため店舗でのスペースコストは大きくなってしまう。

逆に配送回数を増やした場合は、1回に運ぶ量を減らすことができるために置き場を縮小できてスペースコストは下がる。また、売れ行きに合わせてきめ細かく発注も可能で、効率よく店舗運営ができるだろう。しかしもちろんこの場合は配送コストは高くなってしまうため、あまり配送回数を多くすることはできない。通常は【図2右】のようにこのスペースコストと配送コストのトータルが最も小さくなるところで1日の配送回数を決定していく。

しかしこの二つ以外の視点を導入していくことも重要である。例えば、店舗側が気にしていることは、売り逃しと同時に売れ残りである。もしも需要より多く仕入れすぎて結局売れ残ってしまった食品は廃棄するしかない。この廃棄コストは膨大であり、日本は世界で1、2位を争うほど食品を無駄に捨てている国なのである。つまり、仕入れは少なすぎても多すぎてもダメなのだが、その予測はかなり難しい。

実は1日に多数回配送する場合、店舗側はどうせ何度も運んでくれるから、と考え、この売れ残りを恐れて商品をより少なく発注する傾向が出てしまうのだ。そうなると、結局お客が買いに来ても商品が無いという売り逃しが発生してしまう可能性も高くなる。この売り逃しのリスクを避ける、という指標もさらに加味すると、実は配送回数はスペースコストと配送コストの二つだけで決まる回数よりも、ややや少なめが正解になることもあり得るのだ。つまり、配送という物流サービスレベルをあえて下げることで、トータルで見れば売り逃しが減って売上向上になる、ということも起こるのだ。このように、物流だけでなく、営業の立場も合わせて全体最適の視野で考えなければならないため、この配送回数決定は難しい問題の一つなのである。

生産性の向上と改善

日本企業では、トヨタ自動車が作り上げてきたトヨタ生産方式など、無駄を排除して生産性を高める取り組みが戦後から活発に行われてきた。では日本企業は世界的に見て生産性が高いのかといえば、残念ながらデータを見るとそうなってはいない。２０１４年の日本生産性本部の調査では、経済協力開発機構（ＯＥＣＤ）加盟34カ国中で21位となっており、日本の労働生産性はかなり低いことが明らかになったのだ。

ちなみに労働生産性とは、その国のＧＤＰを就業者数で割ったもので、働いている人が一人当たり生み出しているＧＤＰのことである。この値は日本は７６８万円となっていて、１位のルクセンブルクの１４６２万円に比べて約半分強しかない。ルクセンブルクが高い理由は、この国のＧＤＰの半分近くが生産性が高くなりやすい金融業や不動産業などで占められているからであり、さらに法人税率を低くして数多くの高効率なグローバル企業を誘致しているのも理由の一つである。

それではなぜ日本は生産性が低いのか、ということであるが、これは様々な要因が絡んでいるため単純ではない。まず、日本はサービス業がＧＤＰの７割を占めているため、トヨタ生産方式などによる製造業の効率的な生産だけでなく、サービス業の労働生産性を上げていく必要がある。そのためには、日本独特の企業風土、つまり大規模組織でのお役所仕事や、残業が当たり前になっている仕事の進め方、さらには縦割りの組織構造なども見直していく必要がある。以下では、こうした包括的な議論ではなく、逆説に焦点を当てて生産性向上のヒントを議論していきたい。

拙著『無駄学』にも書いたが、私はトヨタ生産方式のカリスマ的なコンサルタントである山田日登志《ひとし》先生と長い間お付き合いさせていただき、多数の現場の改善活動に参加して多くのことを実戦で学んだ経験がある。この時の体験を自分なりに理論構築してまとめたものが『無駄学』だったのだが、その後この製造業の改善手法を、サービス業などの非製造業にも拡張しようと現在も研究を続けている。

まず、効率化のためには真に無駄なものを排除していく必要があるわけだが、無駄とは、「目的」「期間」「立場」を決めないと定まらない、と繰り返し述べてきた。したがって、まずはこの三つを組織の構成員で共有していくことが効率化のための初めの一歩であり、ここを疎かにすると改善はうまくいかない。これは製造業でもサービス業でも同じである。そしてこれらを決めてガバナンスしていくのは、もちろん組織トップの責任である。通常は、すぐに何かＩＴ技術を導入して改善を進めたくなるかもしれないが、それよりもまず社員の意識のベクトルを揃えることの方が遠回りなようで改善への近道なのである。

この例として、無印良品で有名な良品計画が赤字で苦しんでいた時に作り上げた、ムジグラムという社内マニュアルが有名である。ここには様々な仕事の進め方やその意味などが詳細に記されており、それを社員が共有することで一気通貫の組織になれたのだ。その後見事に経営再建に成功し、今や海外展開も好調で黒字街道まっしぐらである。つまり「目的」「期間」「立場」を組織で共有することが何よりも大事で、山田先生の言葉を借りれば、「改善は知識より意識」なのである。

これに関連して、私が以前に関わった興味深い例をお話ししよう。なかなか改善活動がうまくいかなかったある地方企業に呼ばれ、その原因についてトップを含む経営陣と話し合っていた時のことである。私は無駄を決める三つの条件について確認しようとして、「何のために仕事をしていますか？」と根本を問う質問を皆さんに投げかけてみたのだ。一人一人の答えを聞くと、何とそれらは興味深いことに二つに分かれた。一つの意見は、「利益をあげ、会社を成長させるため」であり、もう一つは「地域社会に貢献するため」であった。この二つはともに重要であるが、やはりどちらを優先するかで組織運営に違いが出てきてしまう。この答えを聞いた時に、社長は改善が進まなかった原因がここにあったのか、と思い至ることができたそうで、私は期せずして大いに感謝されたのだ。その後、この会社では時間をかけて社員の目的を一つに揃えることに成功したそうだが、どちらに揃えたかは読者のご想像にお任せしよう。

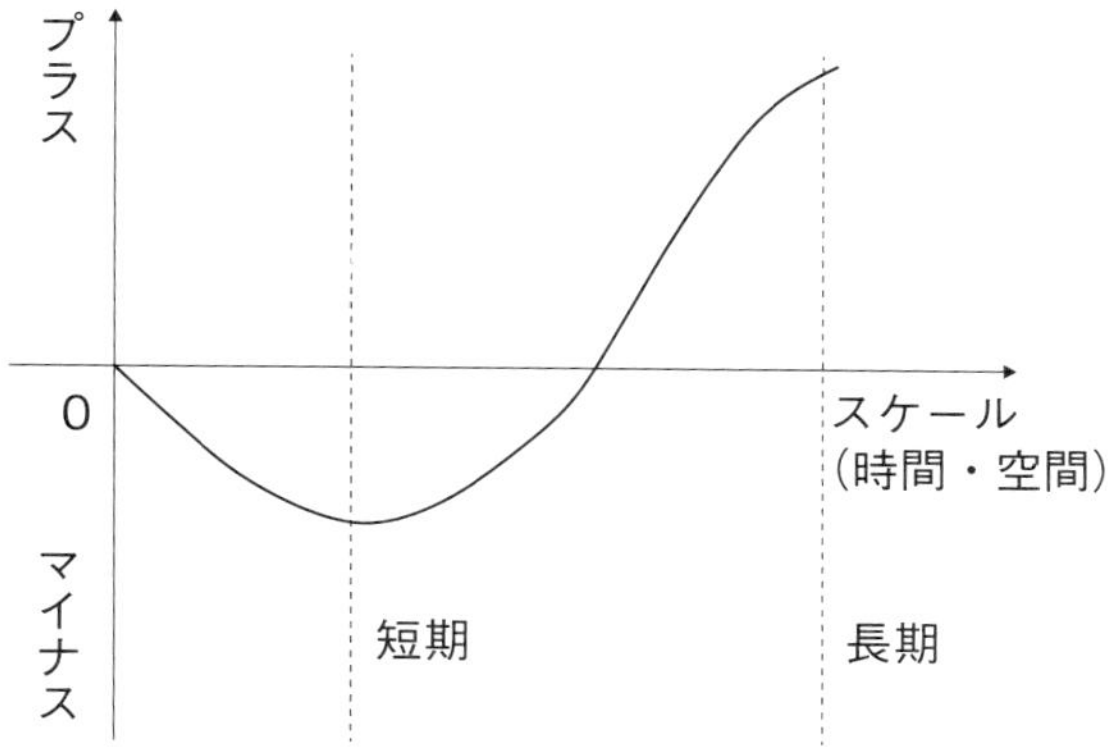

【図３】短期ではマイナスでも、長期に見ればプラスに転じる様子がＪカーブであり、これが「無駄の効用」である。

また期間設定も大事であることはこれまで述べた通りだが、それはまさに【図3】のようなJカーブで表すことができる。

これは横軸に時間、縦軸に益を書いたもので、時間軸を長くとれば無駄なものはほとんど無いため、長期で益がプラスに転じているカーブが描かれている。そしてそれは短期部分で見ればマイナスの益になっているが、ここを我慢すれば、最後はアルファベットのJの文字のようにプラス側に伸びていくのだ。これこそまさに「無駄の効用」であり、無駄だと思っていたことが長い目でみれば役に立つことを意味している。これまで言及してきた失敗や試行錯誤は、短期で見ればマイナスかもしれないが長期では必ず役に立つ、というのがこのJカーブの好例だ。もちろん失敗を生かすのも殺すのも本人や環境次第なのであるが、失敗というマイナスはプラスの母なのである。

ロマン・ロランの言葉に、「失敗しなかった人は、何もしなかった人である」というのがあり、さらに松下幸之助も「失敗とは成功する前にあきらめることだ」と述べている。そして孔子の『論語』にある有名な言葉で、「七十にして心の欲する所に従えども、矩《のり》を踰《こ》えず」というものがあるが、これも孔子といえども失敗を繰り返しながら成長していった、と推測できる言葉である。失敗の価値を認め、失敗を許容する長期的視野の組織づくりは極めて重要なのである。

先日、本社が日本からアメリカの会社に変わった、という会社の社員と話す機会があった。アメリカ社会は、日本に比べて短期利益追求型のイメージが強いが、まさにその会社も内部のルールがその通りに変わってしまった。しかし、きちんと数値などを示して論理的に説明すれば、どのような話でも上層部は理解を示してくれるそうだ。このあたりは逆に合理的なアメリカ社会の強みでもあると感じる。つまり、いま損をしても将来得がとれる確率が高いことを、上層部にきちんと理論立てて説明できれば、長期的視野で事業を進めていくことが可能なのである。短期的な効率向上策に飛びつき、それが長期的な問題を生んでいく危険性は、きちんと説明すれば理解してもらえるのだ。

「改善」で私が最も重要だと思うことは、まず長期での目的を決めることである。つまり、長期の期間設定と、そこでの組織のあるべき姿を定めるのである。次に、そこから遡る形で現状において何が問題なのかを逆算的に検討するのである。こうして改善をしていく方法は、まず未来を描き、そこから逆に戻って現実を見ているため、「バックキャスト型」と呼ばれている。これに対して、まずは現状の無駄を洗い出し、それに対する対応策を考えて改善を繰り返していく方法もある。これは、現状をふまえてそこから前に進んでいこうとするため、「フォアキャスト型」と呼ばれる。どちらももちろん大事な視点なのだが、フォアキャスト型の場合、現状の無駄を果たして適切に決められるのか、という疑問が湧いてくる。期間や目的を決め、あるべき姿を定めないと無駄は決まらないため、現状で無駄だと判断してカットしたことを数年後に後悔することもありうるのだ。今無駄に見えるものを改善する、という対症療法をパッチワーク的に繰り返していくのではなく、常に目的を問いながら急がば回れ的な改善をするのがバックキャスト型なのである。

また、フォアキャスト型改善は私も実際に現場に参加したことがあるが、何しろ現状のダメなところを皆で言い合うため、改善現場は否定的な言葉の飛び交う悪口合戦のようになり、どんどん雰囲気が悪くなっていく。これに対してバックキャスト型では、初めにあるべき姿を話しあうため、肯定的な発言が多く飛び出し、いい雰囲気の中で皆が理想や夢を共有していくのだ。モチベーションが維持された状態が続くので、改善活動が長続きする可能性が高くなる。私はこれまで様々な企業の改善現場に参加させていただいたが、フォアキャスト型が多かったのは大変残念である。

稼働率の罠

それでは、より具体的な効率化の方法について、私が最も逆説的だと思う例を以下に紹介しよう。それは、生産性を高めたければ、フル稼働してはいけない、というものだ。例えば製造業において工場での生産効率を最大にする、という課題を考えてみよう。この場合、すぐに思いつくのは加工装置の稼働率を100％にすればよいのではないか、という考えである。特に高価な装置はフルに稼働させないと元がとれないと考え、そこの稼働率をできるだけ大きくするように生産管理しがちである。また、高価な装置はボトルネック（流れの妨げとなるもの）になっている場合が多く、ここは自然に稼働率が高くなるのである。

確かに稼働率を最大にすれば、それだけ同じ時間でもたくさんモノが作れて生産性が上がるように思えるが、実は長期的に見るとこれは良くない考えなのである。まず、休みなく装置を回し続けていれば、当然それが故障する確率も高くなる。もし故障してしまえば、その装置が1台しか無い場合は修理が終わるまで生産量がゼロになってしまうのだ。そこで、あえて稼働率を少し下げて、時々点検をしたりメンテナンスした方が長い目でみて生産性は高くなるのだ。さらに、企業は決まった商品だけを生産しているわけではなく、将来に向けて新しい商品開発をし、その試作品も作ってみることも重要である。その時にもしも装置が通常の製品加工だけで稼働率100%ならば、まったく空いていないために試作品を作ることができなくなってしまうのだ。

他にも理由があり、それはもっと原理的な問題である。実は稼働率100%を目指して加工をすると、その装置の前で加工待ちしているモノがどんどん多くなってしまうということが数学的に示される。つまり未完成の中間在庫が異常に増えてしまうというデメリットがあり、そうなると商品の完成までの時間が結局長くなって生産効率が落ちてしまうことになる。この理由については、装置の立場になって考えると分かりやすい。いつも装置が稼働率100%で加工し続けるということは、次に加工すべきモノが常に目の前に用意されていなくてはならない、ということである。現実的に考えれば、モノを加工し終えるのに必要な時間がいつも完全に一定であるわけはなく、一般にある程度のばらつきがある。そうなるとたまたま早く加工が終わったときにモノが用意されていなければ、稼働率は100%を下回ってしまう。したがって在庫は十分多く供給されなければ稼働率100%は達成できないのだ。

以上考察してきたように、装置に稼働の隙間がない状態で運用していると、デメリットの方が大きくなる。業種にもよるが、私が関わったところで実稼働率で調べてみたところ、70%から約90%の範囲が適切で、このときに生産性が最大になるのである。これは装置だけでなく、人にも同じことが当てはまる。やはりつねに余裕を持つことが大切なのである。

経営責任とコンプライアンス

企業には、株主、顧客、そして従業員という三つのステイクホルダーがいると以前述べたが、実はこれらだけでなく、もう二つ考慮しておかなければならないことがある。それが「地域社会」と「自然」である。アウトドア関連用品の製造販売を手掛けるパタゴニアの創業者イヴォン・シュイナードとその甥のヴィンセント・スタンリーが著した『レスポンシブル・カンパニー』から私はこのことを教わった。

パタゴニアは綿を素材とする商品にはすべて無農薬のオーガニックコットンを使用しているなど、環境配慮の意識が極めて高い会社である。五つのステイクホルダーへの責任については、以下のように述べられている。

まず、株主に対しては、もちろん経営状態を健全に保ち、利益を還元することが重要であるとし、二つ目の顧客には誠実に向き合い、決してうそやでたらめで商品を売り込むのではなく、また情報開示などの透明性が大切であるとしている。今や製品やサービスに不満があれば、顧客はすぐにブログなどで全世界に発信できてしまうのだ。一時的に商品を買わせるのに成功しても、もし何か問題があれば後で痛い目にあうのは目に見えている。消費者の側も、タダほど高いものはない、という言葉を覚えておこう。例えばもしも激安焼肉、などと低価格を掲げている外食店があれば、それは何かやはり仕入値に安い理由があって、食べ続けることで健康被害にあう可能性もあるかもしれない。企業にとっても、何か健康に悪いものを出せば、それが発覚した際にはもう二度と業務はできなくなるだろう。

三つ目のステイクホルダーは従業員であり、これは職場の雰囲気づくりから社員教育、そして給与面での利益還元などが評価指標となる。ブラック企業という言葉をよく目にするが、やはり過酷な労働によって支えられたサービスは決して持続可能でないのだ。

以前、私はパタゴニアの日本支社長である辻井隆行さんにお会いして話を聞いたことがあるが、デニムのジーンズを作る際に、いかに環境と従業員に配慮しているかについて、様々な現地の写真を見せていただき、大変心を打たれた。ジーンズはデニム特有の青色を出すために、合成インディゴを使用して生地を染色している。しかし合成インディゴはデニムに付着しにくいため、何度も染めてすすぐ必要があり、これが大量の排水を発生させてしまう。また染色後にジーンズの色を落とす加工は、従業員に健康上の危険をもたらす可能性があると言われている。そこでパタゴニアの工場では、硫黄を染料に含ませて色素定着を促進させる革新的な染色工程を採用して半分以下の工程数まで減らし、水の使用料を84%も下げることに成功した。また、色を落とすような加工を行わなくても染色だけで仕上がりの色合いをコントロールすることができるようにしたのだ。

四つ目のステイクホルダーは、「地域社会」である。ここには、地域住民はもちろん、企業と関係が深いサプライヤー(供給者)も含まれている。サプライヤーとはお互い利用しあって利益を奪い合うのでなく、お互いが利益になるような効率化をともに進めていくことが重要である。今や分業が進み、原材料の仕入れから製品の発送までサプライチェーン全体で何が行われているのか分かりにくくなっているが、お互いが情報共有して理解することで、ともに生産性を高めるような合理化も可能になり、また環境負荷も一緒に抑えることができる。また、利益に応じた税負担をすることで地域社会に還元するとともに、直接地域の病院や学校などへ資金協力をする社会貢献も必要である。

一部のグローバル企業は、大きな利益を上げても法律をうまくかいくぐってその国に税金を払わず、利益をタックスヘイブンといわれる租税回避地に貯め込んでいるが、これは長い目で見て必ず大きなしっぺ返しが来るだろう。グローバル企業といえども、やはり故郷を持つ企業は人々に地に足のついた印象を与え、それが信頼にもつながっていく。その意味で、ここがこの企業の故郷、という土地を持ちたければ、やはり利益はその地域に還元しなければならない。そうしなければ、もしも困った時に助けてくれる人は誰もいなくなるだろう。

最後のステイクホルダーは、「自然」である。残念ながら自然からは直接文句や悲鳴の声を聞くことはできない。しかし汚染などが深刻になれば、生態系の崩壊などを目の当たりにし、それが長い時間かけて我々の生活を取り返しのつかないマイナスへと向かわせるのである。したがってなるべく早期に対処し、予防していくことが何より大切である。そのためには、新しい製品が安全であり自然の脅威にはならないことを証明する義務を企業は負わなければならないのだ。前述したパタゴニアのシュイナードとスタンリーは、自然に対して、それを資源と呼ぶこと自体、人間は自然を好きなように使える、という驕りがあるという。そして自然に対してそれを環境と呼ぶことは、人間が中心にあって、その周りに自然がある、という意識があるのではないか、と指摘している。確かに人間は自然の一部であり、もっと謙虚になるべきなのだ。これは本質を突いた厳しい指摘であるが、本書では資源や環境という言葉の使用は許してもらおう。

そして、現在ゴミの4分の3は企業から出たものであり、その意味でゴミのなるべく出ない商品などを考えたり、商品のトータルなライフサイクルコストを考えることは重要である。これは忘れられていることが多いが、モノを作ることだけでなく、それを廃棄する際のコストまで視野にいれて生産を考えるべきなのだ。例えば、東京でもたくさんマンションが建てられているが、それは50年後に何らかの理由で取り壊すことがあるかもしれないのだ。しかし、現在マンションに住んでいる人で、マンションの廃棄費用は誰が出すのか、気にしたことのある人は少ないのではないだろうか。

また、『レスポンシブル・カンパニー』には自然の役割について興味深い記述があった。それは世界の食糧生産のうち3分の1は、虫や動物の受粉に頼っているそうだ。この動物たちの無償の協力で食糧生産が成り立っているのだが、もしも環境破壊によって受粉が思うようにできなくなったら、誰がそのコストを負担するのだろうか。

さらに、地域社会への貢献や自然への配慮については、そのような取り組みを行っているかどうかチェックする第三者機関も重要であり、この機関により企業は監視、評価されるべきである。NHKの連続テレビ小説「とと姉ちゃん」に登場した雑誌のモデルになった「暮しの手帖」は、ある意味で戦後長い間この第三者機関の役割を果たしてきたといえるだろう。物質的に豊かになりつつあった高度経済成長社会で、悪質な業者による粗悪品も出回り始めたため、多数の商品を実際に長期間使ってみて比較する商品試験という企画を連載したのだ。そしてこの試験を厳正に行うため、企業の広告を一切とらずに信用を作り上げ、雑誌は庶民に支えられて売り上げを伸ばしていったのだ。

さらに、英国のサステナビリティ社のジョン・エルキントン社長が提案している「トリプルボトムライン」という提案も興味深い。ボトムラインというのは会計用語であり、会計の損益計算書の一番下に三つの行を記載すべきという考えである。通常はここは当期の利益と損失という経済指標を1行書くだけである。それに加えて、環境面での配慮の行、つまりCO_2の排出削減や資源の節約などを記し、さらに社会面での人権の配慮や社会貢献の行を追加すべき、というものである。これにより、経済、環境、社会の三つの側面で企業評価しようという提案である。

新しい会計制度に関しては、日本でも公共哲学という研究分野で活発に議論がなされており、現在の会計が経済的な価値観のみで一元化されていることに対して強い批判を展開している。そこでは、経済指標を相対化し、他の要因、例えば環境や社会貢献、そして信頼度などの視点とともに同列に扱うことで経済偏重を解消しようとしている。ただしそのような新しい指標は、測定が難しいためになかなか議論は進んでいないようであるが、これからは後述するＩｏＴ(Internet of Things)技術などで環境から様々なデータが取得できる時代になるため、新たな展開が期待できる。

地域社会や自然をトータルコストで考えることは、いわゆる外部経済の内部化とも呼ばれており、普段はコストと考えない外部への波及効果などをコスト計算に入れることで、経済の一部として扱うことに相当する。そしてＧＤＰ（国内総生産）をこうした経済以外の要因も含むように拡張すべき、と主張しているのは、ノーベル経済学賞を受賞したジョセフ・スティグリッツ教授である。ＧＤＰには幸福の度合いも考慮に入れることが必要であるが、現状では個人にとって重要な多くのことが含まれていないと指摘し、各国政府はＧＤＰ崇拝を避けることが重要と語っている。

これらの話は、企業の社会的責任（ＣＳＲ）という問題と密接に関わっている。企業の利益追求が倫理観よりも上回ってしまうと、様々な問題を引き起こしてしまうのだ。自然環境を考えずに多くの資源を摂取してしまうかもしれないし、汚染水を隠れて垂れ流しするかも知れない。また、サービスを向上しようとして過剰に商品を包装することで、資源の消費とゴミの増大を通じて環境負荷を増大させてしまうのだ。しかし問題は、こうした行為を行っても株式会社の役員は損害をすべてかぶって自己破産、とはならないのである。それは、株式会社の従業員や経営者、そして株主は有限責任となっているからで、出資した財産の範囲でのみしか責任を負わないのである。これはそもそも、企業がリスクを取って様々な挑戦的な活動をしやすくするための制度であるが、これが裏目に出てしまうこともありうるのだ。有限責任ということで、外部経済へのマイナス影響をちゃんと考慮せず勝手な行動をしてしまう、ということは許されるものではない。

しかしすべてに明確な法令があるわけではないため、規制が難しい。コンプライアンスとは法令順守であり、企業がこれを守ることは明文化された法に従うことを意味している。しかしCSRは、倫理的な意味も含めた広義の社会的要請に応えるという考え方なので、その規制は自ら行っていかなくてはならないのだ。近年では、大手企業は自ら社会的な責任を果たしていることをホームページなどで説明しており、企業活動指針を一般に公開して信頼を得られるように努めている。

ただし、こうした内部規制的な活動が逆に過剰CSRとなって、組織の萎縮を引き起こしてはならない。このバランスは難しい問題であるが、経営学者のマイケル・ポーターは「共通価値の創造（Creating Shared Value，略してＣＳＶ）」という概念を提唱している。これは、利潤を追求する企業活動と、社会的な課題の解決とを同時に行い、ＣＳＲ活動を通じて経営の利益に結びつけようとする戦略だ。例えば社会的課題を解決する製品やサービスを販売するとか、地域社会のインフラを整備したり雇用を創出しながら、自社の事業もそれを利用して拡大していく、などが考えられる。こうした方法でうまく自由と規制のバランスがとれれば、ステイクホルダーとWin-Win の関係になるため大変素晴らしい提案だと思う。

〈社会編〉

次に、よりグローバルなスケールに目を向けて、社会における逆説の例を考察していく。その中でも交通に関する事例は逆説の宝庫であるため、私がこれまで研究してきた渋滞学に関連した話題をしばらく論じていきたい。

交通安全とリスク恒常性

はじめに交通安全について考えてみよう。交通事故による死者数は幸い年々減少傾向にある。それは車を運転する際の安全運転教育の徹底だけでなく、様々な新しい運転支援技術が導入されてきたおかげでもある。例えば、曲がり角のすぐ先が交差点になっている道路の場合、予告信号がその手前に取り付けられているのをよく見かける。この予告信号が赤になっていれば、曲がった先が赤信号だと分かり、早めに減速できて追突防止につながる。さらに最近では、見通しの悪い交差点において、塀などの向こう側に人がいれば教えてくれるようなシステムがある。これは人が持つスマートフォンなどの位置情報をカーナビと連携させれば可能になる。

しかし、こうした支援には注意しなくてはならないことがあるのだ。それは、これまで見通しの悪い曲がり角などで、人や車が隠れていないかと慎重に運転していた人が、このシステムを導入することで安全の確認を自らしなくなり、すべて機械任せにしてしまう可能性もある、ということだ。機械が警告を出さなければそのまま気にせず曲がってもよい、と勘違いしてしまう恐れがあり、機械はエラーをすることもあるのでもちろん過信は禁物なのである。つまり、こうした便利な支援技術を使うのに慣れてしまうと、今度は我々の注意力が退化していく可能性がある。安全性を向上しようとして様々な装置を導入することで、それに安心して人の注意力が落ち、せっかくの装置による安全性向上を相殺してしまう可能性があるのだ。この現象は「リスク・ホメオスタシス（リスク恒常性）」と呼ばれており、支援を考える際には注意が必要である。

さらに最近の車にはいろいろな機能がついており、例えば後ろが見えるバックモニターはかなり便利で評判も高い。これで確かに車庫入れなどが安全に、そして楽にできるようになるかもしれないが、これに慣れてしまってモニターなしでは怖くて駐車できなくなった、という話も聞く。これも、人のための便利な技術支援のつもりが、人間が本来持つ注意喚起能力を長期的に見て下げてしまう可能性がある、という例である。

次に逆の例として、オランダのドラフテンという街で行われた興味深い社会実験を紹介しよう。それは、交差点における交通事故を減らすために、信号機や交通標識などをすべて撤去してみる、という信じられない試みである。これまで頼っていた信号機が無くなったため、自分の視覚や聴覚を研ぎ澄まして周囲を確認しながら慎重に運転するしかなくなるのだ。これで安全性が保たれるのかと疑問に思う人もいると思うが、結果はなんと交通事故が減ったという逆説的なデータが得られたのだ。周囲に気を付けて運転することで、他の車や人に対してより注意が行くようになったためである。交通標識などをすべて取り去ってしまうのは「シェアードスペース（共有空間）」といわれている方策で、車や人が皆で道路を対等に共有する、という発想から生まれた言葉である。この事例も様々な分野で人間支援技術を考える際に参考になるだろう。

渋滞吸収と車間距離

次は渋滞に関する話題である。はじめに渋滞の発生原因から考えていこう。それは、道路の構造やネットワークに由来するものと、運転手の運転方法によるものの二つに大きくわけることができる。まず、道路構造でいえば、上り坂が最も渋滞になりやすい場所である。それも急な上り坂というわけではなく、分度器でいえば1度から2度程度の緩やかな坂道が問題なのである。渋滞の名所といわれる中央道の小仏《こぼとけ》トンネル付近、関越道の花園《はなぞの》インターチェンジ付近などは、すべてこの緩やかな上り坂が原因でしばしば渋滞が発生する。こうした緩やかな上り坂では、多くの運転手がその上り勾配に気付かずに運転してしまい、アクセルは平地のままの状態のため車のスピードは少しずつ落ちてしまう。もしもその時、後ろの車が車間を詰めて走っていれば、追突を避けるためにブレーキを少し踏んで減速するだろう。そうなると、その後ろの車ももし詰めていればより強くブレーキを踏むことになる。そしてこのブレーキのバトンが後ろへと続くことにより、数十台後には車は停止してしまうのだ。これが日本の渋滞原因の第1位であり、全体の6割以上を占めるほどなのである。

もしも車間の詰めすぎが渋滞の原因ならば、逆に車間を少し長めにとって走る車がいれば、渋滞は緩和されるのだろうか。つまり、車間を詰めずにゆっくり走ると渋滞にならない、という逆説は成立するのだろうか。この興味深い疑問に対する答えは、イエスである。それは渋滞吸収走行といわれ、いくつかの条件が整えば渋滞の成長を抑えることができる、ということを我々は理論と実験によって証明することができた。

この渋滞吸収走行の原理を簡単に説明しよう。先ほど述べたように、渋滞はブレーキのバトンを伝え合うゲームのようなものである。そして車間を詰めていると、悪いことにブレーキはどんどん強くなって後ろに伝わっていくのである。そこで、途中でもしも十分車間距離を空けて走っている車がいたら、その車は前の車がブレーキを踏んでもほとんど影響を受けず、これまで通り一定の速度で走行できる。そうなると、その車より後ろはまったくブレーキを踏むことはなく、渋滞とは無縁の走行になるのだ。ただしあまり車間距離を無理に大きく開けると、今度はその渋滞吸収車が後ろの車にブレーキを踏ませてしまい、二次的に渋滞を作ってしまう可能性もある。

ここで、渋滞が発生しつつある場所の5km程度以上の手前側では、ふつうはまだまったく渋滞ができていないということに注目しよう。そこでは、周囲が自由に流れていて、自分の減速がブレーキのバトンを増幅して後ろに伝えることはない。そのような場所で速度を周囲より時速10kmから20kmぐらい下げ、その車間距離を長めにとりながら渋滞領域に向かっていけばよいのだ。

以上の走行を我々はJAFや警察庁と共同で実際に中央道上りの小仏トンネル付近で公道実験した。8台の車がペースメーカーとなって相模湖インターの少し手前から周囲より時速を20km程度下げ、車間距離を長めにとって走行した。そしてうまくタイミングを合わせて渋滞発生の直前に小仏トンネルを通過するようにした。その時、平均時速が55km程度にまで落ち込んで渋滞が発生しかかっていたが、我々の渋滞吸収車の通過後は小仏トンネル付近の平均速度が時速80kmぐらいまで回復した。つまり、渋滞発生の初期ならば、少ない台数でも運転方法だけで渋滞を緩和できることが明らかになったのだ。

以上より、もしも高速道路の電光掲示板で、「5km先、渋滞1km発生」などという表示を見たらチャンスである。それはまさに渋滞が出来かけのタイミングであり、そこでうまく減速できて車間を長めにとれれば、前方の渋滞のブレーキの波をかぶらずに済む可能性が高くなる。そうすれば結局渋滞に巻き込まれずに済むため、減速しても損にはならず、長い目で見れば得なのである。しかもこの運転方法によって燃費は格段に向上する。我々の実験でも、このような走行を成功させて渋滞に巻き込まれなかった場合、燃費は最大で36％も向上したのだ。到着時間に関しては、実は渋滞吸収走行をした車はあまり変わらないが、その後ろの車は大きな恩恵を受けることになることが分かっている。これを聞くと、自分のメリットは燃費だけ、と思うかもしれないが、もしも誰かが前方でこのような走行をしてくれれば、自分は知らず知らずのうちにその大きな恩恵を受けるのだ。そしてそれは皆がお互い様で、たまにそのような走行をお互いし合うだけで、世の中には計り知れないプラスの益をもたらすのである。１００台にたった1台程度そのように協力する車がいるだけで、渋滞の緩和に多大な貢献ができることを覚えておいてほしい。

ただし、渋滞吸収走行を始めるタイミングなど、一般車は十分な情報をふつう持ち合わせていないため、実際にはうまく上述のようにはいかないかもしれない。そこで、一つの方法として可変速度制限といわれる方法がオランダやドイツなど海外を中心に検討されている。これは、交通状況に応じて道路の制限速度を変化させるもので、交通量が増えて渋滞になりそうになると、その上流部分にある電光掲示板に表示された制限速度を徐々に下げる、というコントロールを行うものである。そしてこの速度制限に各車が従うことで、一時的に減速することになるが、渋滞部への車の到着量を減らすことができて、結局は渋滞形成を防ぐことができるのだ。これはぜひ日本で早急に実現したい技術の一つである。

制限速度

ドイツの高速道路はアウトバーンといわれるが、日本と違って特に制限速度が設けられているわけではない。私も実際に走行したことがあるが、周囲に普通に時速200㎞で走っている車がたくさんいるのだ。これはどういう状況かといえば、例えばバックミラーに小さく見えていた車が次の瞬間に自分の真横に来る、という感じだと思えばよい。私もこれを何度か体験したことがあるが、恐ろしくてただ車線変更をするにもかなり緊張してしまう世界である。

それでは、このアウトバーンに速度制限を導入した方がいいのかどうか、という問題を考えてみよう。これは実は以前より関係者の間で激しい議論が行われており、速度制限を導入すると人間の自由な走行を阻害してしまい、渋滞の原因になるのではないか、という議論がよくメディアに登場する。しかしこれは正しい議論ではない。状況によってはむしろ速度制限を入れた方が結局早く着く、という逆説的なことも示せるのである。その理由だが、まず速度制限がない場合、各車の速度のばらつきが非常に大きくなるのだ。時速200㎞で走る車もいれば、時速60㎞ぐらいで走る車もいるからである。逆に制限速度があれば、もちろんこのばらつきはあってもより小さな範囲に抑えられることになる。そして車の速度にばらつきがあると、ブレーキのバトンがより後ろへ伝わりやすくなり、渋滞が起きやすくなってしまうことがわかっている。

したがって、ばらつきを少なくできる速度制限があった方が渋滞は発生しにくくなり、混雑時にはかえって目的地に早く着ける、ということがわかっている。また、速度が上がるとそれだけ安全車間距離を空けなければならず、かえって道路上に存在できる車の数も減ってしまう。例えば時速80㎞の速度で走行する場合、道路１㎞あたり最大約22台走れるが、時速１２０㎞の速度になると15台が限界であり、この効果もあって交通量が増えてきた場合には、速度制限をしない場合はマイナスの影響をもたらしてしまうのだ。もちろん他にほとんど車がいなければ、速度制限なしの方が明らかに早く着くが、ドイツでも高速道路は都市部に近いところは慢性的に混雑しており、そのような状況ではメリットはないといえる。

車線

交通に関連した話題でよく私が聞かれる質問が、混んでいる時にどの車線を走れば最も早く進むのか、というものである。もちろん空いているときは追越車線を走り続けるのは法律で禁止されているが、だんだんと混んでくると、追越車線を走る車の割合も増えてくる。早く目的地に着きたい、と思うのが人情であり、そうなると平均速度が速い追越車線の方が有利なのではないかと思うのは当然であろう。ただ皆がそう考えてしまうと、かえって追越車線の方が車が多くなり、走行車線より遅くなることも起こり得るのだ。

実際にデータを調べてみたところ、ちょうど渋滞が始まる時の三車線高速道路での各車線の利用率は、左の第一走行車線が25％、真ん中の第二走行車線が35％、そして右の追越車線が40％となっていた。つまり、渋滞が出来かけの時は追越車線にいる車が最も多くなっており、渋滞に巻き込まれずに何とか早く行こうとして、皆が右へと車線変更している様子がデータから浮かび上がってくる。そして渋滞しているときの平均速度を統計的に調べてみると、第一走行車線が平均時速26㎞、第二走行車線が時速21㎞、そして追越車線が時速16㎞であり、やはり皮肉にも追越車線が最も遅くなっていたのだ。

この場合、混んできたら皆と逆の行動をとり、あえて走行車線を走り続けていた方が早く着くことが多い。走行車線はサービスエリアなどからの合流の影響を受けるため、それに邪魔されて遅いというイメージがどうしても強い。しかしそこでは、合流を嫌って右車線に車線変更する車も多くなり、また合流した車も急いでいるとすぐに右車線に移動していくため、結局走行車線の利用率が相対的に低くなる。しかも長い距離を走れば、車が出ていく分岐も何度もあり、そこで車の台数が減るため流れは良くなるのだ。隣の芝生は青く見える、という言葉もある通り、隣の車線は早く見えることもあるのだが、それに惑わされてはいけない。やはり混んだ高速道路を長い距離走る場合は、一時的な運不運の影響は小さくなり、統計的な性質が効いてきて走行車線の方が早く進むといえる。ただし、皆がそう考えて走行車線を走るのはナンセンスであることはいうまでもない。

車線の話題でもう一つ興味深い例がある。それは、渋滞を緩和するためには車線を増やせばよい、という常識は意外に怪しい、ということである。もちろん車線を増やせばそれだけ通過できる車の数が増えるため、そこでは混雑は明らかに緩和される。しかし、その車線を長い区間ずっと増やすのは難しく、通常は渋滞している個所を中心に前後数キロメートルの短い範囲で車線を増やす拡幅工事を行う。そうなると、いつかはもとの車線数に絞られてしまうわけで、一時的に流れが良くなっても結局その絞られる合流部で車の流れが乱れ、より渋滞は酷くなることもあるのだ。

これは深刻な問題で、せっかく莫大な予算を投入して工事をしても、トータルで見て渋滞緩和効果がないとしたら、何のための事業なのか分からなくなってしまう。例えば渋滞がよく発生する場所にはトンネルが近くにあることが多い。この場合、渋滞箇所の車線を例えば二車線から三車線に増やしても、トンネルの部分は山に囲まれているため三車線に増やすのは極めて難しい。そうなるとトンネルの手前まで三車線で流れてきても、その後また二車線に合流せざるを得ない。もしもそこで無理な割り込みをする車がいれば、余計な急ブレーキを踏ませることもあるし、事故を起こす可能性も増すのだ。そうなれば、結局一時的な車線増加はかえって全体最適の視点からは交通の流れに悪影響を及ぼす可能性があり、その意味でも拡幅工事は慎重に検討すべきである。

車線だけでなく、道路を新しく作れば渋滞は緩和する、と単純に考えてしまうのも危険なのである。つまり、道路を新たにつくれば、より渋滞がひどくなる、ということもあり得る。例えばある道路がいつも混むので、その隣にバイパス道路を建設したとしよう。そうなると、もしかしたら今まで混んでいたために別のルートを使っていた人が、そのバイパス道路を使い始めるかもしれない。さらに混んでいたため電車で通勤していた人が、今度は自家用車で通勤し始めるかもしれないのだ。こうして道路を作ると新たに車の量が増えてしまう現象を誘発交通と呼んでいて、なかなかその予測は難しい。そのため、これまでの交通量が変わらなければ問題はなかったが、新たに増加した交通量のために逆にひどい渋滞になり、道路を作らない方がよかった、ということも起こり得ることを知っておくのは大切である。

混雑情報提供のジレンマ

次に道路のネットワークに注目した逆説的な例を考えてみよう。最も簡単なネットワークとして、【図4】のように出発点Xから目的地Yに向かう際に二つのルートAとBがあるとしよう。ただし条件として、ルートAは距離は短いが道が狭いため、車が集中すると容易に渋滞してしまうとし、ルートBは距離は長いが道は広いため、渋滞は起こりにくいとしよう。

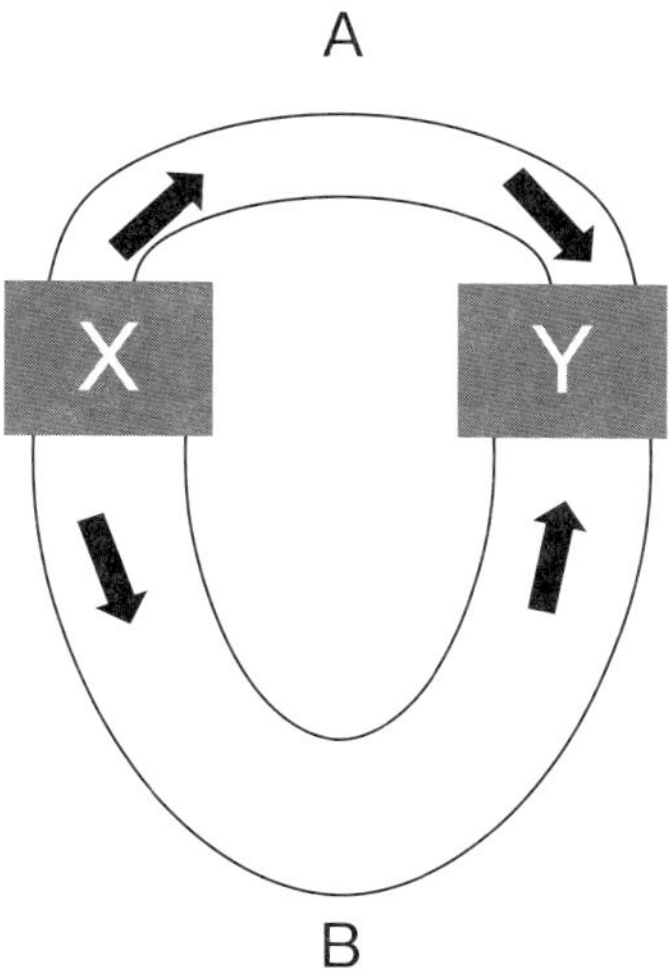

【図4】XからYに行く。Aルートは距離は短いが道路は狭い。Bルートは距離は長いが道幅は広い。さて、どちらが早いか？

ここでさらに問題を単純化して、

以下のように考える。まず、ルートAの通行にかかる時間は、車の数に比例するとする。つまり、車が1台だと1分で着くが、もしも10台の車がルートAを走れば、そのすべての車がそれぞれ10分かかってしまうと考える。これに対して、ルートBは道路に余裕があるため、何台走ってもかかる時間は変わらないが、距離が長いため時間は常に10分かかるとしよう。さて、以上の問題設定で、いま10台の車が出発点にいるときに、これらの車はどちらのルートを通って目的地に向かえばよいのだろうか。これはネットワークにおけるルート選択の問題といわれ、混雑を避けてネットワークを効率よく移動するためには何が課題なのかがよく分かる好例である。

まず、運転手の立場になってこの問題を考えてみよう。もちろん短いルートであるAを選びたいと考えるのは当然である。しかも、出発点にいる10台すべてが同じようにルートAを選んでも10分かかることになるため、いつも10分かかるルートBを選ぼうという人はいないだろう。このように運転手任せでルートを選んでもらうと、全員短い方のルートを選ぶという結論になる。

次に例えば環境負荷などの全体的な観点から考えてみよう。それは、例えばこの10台の車の排出ガスの総量をなるべく減らしたい、という目的設定である。また、この10台の車を管理している物流会社の社長が、ガソリンの総量をできるだけ減らすにはどうしたらよいか、という目的でも同じことである。これは、単純に車の走行時間の総計をなるべく短くすることとほぼ同じことである。まず、すべての車がルートAを通った場合、10台すべてがそれぞれ10分かかるため、総走行時間は100分になる。しかしもしも二つのルートに半分ずつ分かれた場合はどうなるだろうか。ルートAは5台なので、おのおの5分かかって目的地に着く。そのため、ルートAの総計は25分である。残りの5台はルートBを走り、おのおの10分かかるためこの道での総計は50分となる。結局トータルで75分となり、先ほどの100分よりかなり短くなっていることがわかる。

ここでは省略するが、かかる時間の総計が最も短くなるのは、この半分ずつに分かれる場合であることが簡単な数式で示せる。ということは、この問題の場合は、運転手任せにしておくと全体最適にはならないことが分かるだろう。つまり、全体最適のためには、5台の車があえて損を買って出てルートBを走る必要があるのだ。ただし、誰でも損はしたくないため、実際にこれを実現するには何らかのトップダウン的な方策が必要である。

利用者にルート選択を任せる方法は「利用者均衡配分」とよばれ、一方で全体の所要時間の総和を最小にする方法は、「システム最適化配分」と呼ばれている。そしてこの二つの配分方法は以上見てきたように答えが一致しないことが多い。つまりこれは、個人の益を追求する方法では、社会全体で損をしてしまう、という教訓として捉えることができる。

さらにカーナビ等で車に混雑情報を提供する際にも同様の悩ましい問題がある。それは、空いている道路の情報を皆に知らせれば、多くの車がその道路に集まってしまうことでかえって渋滞がひどくなることもあり得る、というものだ。これを私は「カーナビのジレンマ」と呼んでおり、まさに交通情報提供の難しさを物語る例である。一所懸命精度を上げて各道路の交通量データをたくさん取得しても、その提供方法を誤ってしまうと、結局情報提供をしない方がまだマシだった、ということにもなりかねない。これは以前に挙げた、走行車線を走った方が早い、という例と同じで、皆が同じ情報を知ってしまうと意味がないのだ。我々の研究でも、全体の約三割の人が同じ情報を知ってしまうだけで、混雑がよりひどくなる、という結果も出ており、単に皆に同じ交通情報を提供するのは良くない。現在では交通情報の質と量の両方を上げていく研究が主流だが、これは本当は提供方法とセットで研究しないと全体最適な交通にはならないのである。

信号機

信号機に関しても興味深い逆説の例がある。まず、グリーンウエーブという信号機の制御方法を紹介しよう。これは、直線的に続くような道路で、しかもほぼ等間隔に信号機が設置されているようなところでよく行われている交通流の制御方法である。例えば、道路を時速40㎞で走る車が信号機で止められることがなく走れるように、すべての信号機の青のタイミングをうまくずらして設定するのだ。こうすることで、この設定速度よりも早く走っている車は、タイミングが合わずにどこかの赤信号に必ず引っかかって止められてしまうことになる。つまりある基準を設けて、それを超過した速度で走行する車は赤信号に引っかかるようにしてしまうことで、速度を抑制してもらおうという制御方法である。青信号は英語ではブルーでなくグリーンというためこのような名前がついている。これは、ゆっくり走ると信号につかまらずにかえって燃費よく走れるというもので、自分がよく赤信号にひっかかると思っている人は、実は設定速度よりも早く走っている可能性があることを覚えておこう。

また、そもそも信号機は、車を強制的に止めているものなのに、なぜ流れの効率が良くなるのか、という疑問を持つ人もいるかもしれない。交通の効率は、一定時間にその場所を通過できる車の台数で測られており、これは交通量と呼ばれている。この交通量をできるだけ多くする、ということが道路として高い能力を持っている指標になる。また、運転手の立場から考えれば、渋滞がなく通過時間ができるだけ短くなること、というのも効率化の指標になりうるが、実は簡単な理論的考察より、この通過時間は交通量の逆数に比例することがわかる。つまり、通過時間を小さくすることと、交通量を大きくすることは同じことを意味しているので、指標としては同じである。

さて、信号機は赤信号で車を止めて車列を作り、その後青信号にしてその車列の車を流すシステムである。したがって、各道路で車を車列として溜めて、それをかわりばんこに一気に流すことができると考えると、常にどちらかはほぼ流れているため効率が良くなることが想像できるだろう。止めた方がより多く流れる、というのは興味深いが、あまりに溜めすぎてもダメで、交通量に応じた適度な青、赤の時間の設定が鍵になる。この時間設定で重要なことは、多少不公平でも、長い待ち行列ができた交差点方向の青時間をなるべく長くして車を通し、その行列を解消していくことである。なぜなら、もしも渋滞が伸びてしまって最後尾が隣の交差点まで到達してしまうと、そこでは青信号でも前に進めない、という事態に陥ってしまうからだ。これはスピルオーバー（こぼれ現象）と呼ばれており、一旦これが発生すると、一気に渋滞が付近の道路ネットワーク全体に「こぼれて」広がってしまうのだ。

逆に頻繁すぎる赤青変更は効率を落としてしまうことになるだけでなく、車の停止回数を増やしてしまうことで排出ガスも増え、環境にも悪影響を及ぼす。そして赤と青以外のいわゆるクリアランス時間（黄色信号と全方向赤信号）も相対的に増加する。クリアランス時間は、例えば横断歩道を渡り切れない歩行者や、交差点内での車の移動時間などを考えると、信号の赤と青の切り替え時にはいつも安全上必要なものであるが、その時間中はどの方向の道路も通行に使えないため交通の観点では大きな損失になる。

それでは信号の無い交差点というものはあり得るのだろうか。その一つで、海外でよく見かけるのがラウンドアバウトである。環状交差点ともいわれ、道路交差部に小さなサークル状の一方通行の道を作り、それに各方向に向かう道路が放射状に接続されている構造になっている。例えばパリの凱旋門を囲むラウンドアバウトが有名であり、日本でも２０１３年に道路交通法が改正され、この道路が法的に定義されて本格的な運用が始まった。長野県飯田市で初めに導入され、その後現在では40を超える交差点がラウンドアバウトになっている。この道路は、少し考えれば明らかだが、接続されている放射道路から環状道路に進入しようとする車より、もともと環状道路を走っている車の方に優先権を与えないと機能しなくなる。したがって日本の道路交通法でも、環状道路に入る際には徐行し、環状道路を通行している車の走行を妨害してはならない、と規定されている。

それではこのラウンドアバウトは、信号交差点と比べて優れているのだろうか。これは交通状況によって答えが変わるのだが、一般に混雑する道路では信号交差点の方が交通量は多く維持できることが分かっている。なぜならもしも車が多くなり、環状道路内で渋滞が起きたとしよう。そうすると、全放射状道路の車が動けなくなってしまい、完全にその交差点はデッドロックに陥ってしまう事態になりうるからである。したがって、空いている交差点ではラウンドアバウトが優れているが、混んでいるところでは信号機に軍配が上がるだろう。

次に人が道路を横断する問題について考える。日本ではきちんと横断歩道と歩行者用信号が設置され、そこでは優先的に道路を横断することが可能である。しかし海外では、信号機のない場所で道路を横切らなければならないことが多い。以前に私はイタリアのローマ市内を歩いていて、交通量の多い道路の反対側に行きたかったのだが、付近にはまったく信号機がなかったため、なかなか横断できなかったという経験がある。

それでは、もしもこうした部分で渡らなければならない場合、人と車の関係はどのように考えれば良いのだろうか。通常は車の切れ目を見つけたらそこで一気に渡ろうとするが、その判断は人によって異なるだろう。強気な人は、車を止めてまで無理に渡る可能性もあるが、逆に慎重な人は、車間が十分空くまで渡らないだろう。ここでも逆説の興味深い例がある。それは、慎重な人が多い方が結局横断待ちの時間は短くなる、というものだ。強引な人の方がすぐに道路を渡れるので、横断のための待ち時間が短いと思うのは、実は間違いなのである。

この理由だが、まず強引な人が無理やり渡ろうとすると、そこで車は止まって待たざるを得なくなる。その間にたくさんの人が後に続いて渡っていくが、その間にも同時に車もたくさん来るので、より長い車列が出来る可能性が高くなる。そうなると、やっと人が渡り終わって今度は車の番になった時、行列でたまっていた車が次々と走り出すため隙間のない車の流れになり、さすがに強気な人でも渡れない状態が続いてしまう。そのため車がいなくなるまで待つことになり、今度は横断待ちの人がその間にどんどん増えていくのだ。これを繰り返すとますます酷い状態に悪化していくことが分かるだろう。したがって、社会全体で考えると、強引な人がいると結局損をしてしまう、という理屈になる。適当に車間が空いているときに安全に渡った方が、人も車も停止時間の合計は平均的に少なくなり、さらに何といっても事故防止にもなるのだ。

公共交通

バスや電車などの公共交通機関にある程度共通している逆説として、急がば回れに準じたものは多い。まず、駅で電車を待っているとき、来た電車にすぐ乗るより、一つ待って次の電車に乗る方が車内は空いている確率が高い、という法則をご存じだろうか。これはエレベーターにも当てはまる法則だが、わざと一本待つことで、結果として混雑を避けて快適な車内で過ごせる、という結果は日常で役立つ知識である。これは先ほどの強引な人が道路を渡る場合と同じ理屈であ

【図5】すぐに来た電車に乗るよりは、次の電車に乗った方が空いていることが多い。

る。まず、混んでいる電車は乗り降りに時間がかかるため駅での出発が遅れてしまい、その結果前を走る電車との車間距離が開いてしまう。そして逆に後の空いている電車は駅に着いてもまたすぐに発進できるため、前方車との車間距離は縮まっていく。そうなると、何も制御をしなければ、【図5】のように混んでいる電車の前は空き、空いている電車の前は詰まっている、という状態になる。そして空いている電車は混んでいる電車に追いついていくようになる。

この状態で皆さんが駅にランダムに着いたとしよう。そうすると、車間距離が短い部分より、長い部分に出くわす確率の方がもちろん高くなる。そのため、【図5】から分かる通り、駅に最初に到着する電車はたいてい混んでいる電車、ということになるのだ。そしてその次の電車は、混んでいる電車の後ということで空いている確率が高くなるため、一つ待って次の電車に乗った方がいい、という理屈である。実はこの議論は数学的に正しいものであり、客を乗せる公共交通である電車やバス、そしてエレベーター等で成り立つのである。

実際に私はあるテレビ番組で、デパートの最上階まで2基のエレベーターでどちらが早く着くか、というレースを行ったことがある。私は上の理論から、混んでいるエレベーターには乗らず、その次に来たエレベーターに乗った。そしてタレントさんがその混んでいるエレベーターに乗り、先に出発したのだ。

実験を数回行い、多くの場合で私は最後の階付近で追い越し、最上階に先に着くことができた。実験では、先に出発したエレベーターは各階で待っている人たちをいつも載せていくため、ほぼ各階止まりになっていた。その後のエレベーターに乗った私は、各階で既に前のエレベーターが客を乗せていってくれているため、ほとんど人は待っていない状況であった。その結果、ゴールの少し手前あたりで抜くことができたのである。しかも私の方のエレベーター内はほぼいつも空いていたのだ。もちろん現実は様々な条件が入り込むため、理論通りにいかないこともあったが、概ね良い結果を出すことができたのだ。

電車やバスは、以上見てきたように何も制御しないと次第に車間が詰まったり広がったりする。そのため、実際はある程度強制的に駅や停留所で止めて車間を等間隔に戻すことが多い。「時間調整のため、しばらく停車します」というアナウンスを聞いたことがあると思う。こうして駅でわざと出発せずに、車間調整をした方が結果として全体の効率は良くなることが分かっている。さらに研究によれば、この方が駅で待つ時間は増えるかもしれないが、結局乗車時間は短くなることが多い、という結果も出ている。

混んでいる電車での発進遅延の原因の一つが、乗り降り時の混乱である。この際、降りる人を優先にするのがもちろん大切で、電車内では降りる人のために少し移動したり、ホームでは乗る人がドアの正面でなく脇に立つことを心がけることが大事である。次に、降りる人の側に立てば、電車から駅のホームに降りたら、すぐにその場から移動することが重要である。そうすれば電車から降りようとしている人の流れを止めることはない。知っている駅ならば、すぐに自分が歩き出すべき方向が右か左か分かるが、知らない駅の場合は降りてから少しの間立ち止まってキョロキョロしてしまうことが多い。

これは駅のサインや掲示板にも問題がある。特に日本の場合、一般的にサインが過剰であり、たくさんの看板などがあると情報が過多になってかえって人は混乱してしまうのである。したがって、電車を降りた瞬間にどのドアからも、左右どちらに出口と乗り換え通路があるかという掲示だけが見えるなら、無駄な滞留はかなり減るだろう。親切心からサインを多くすることで、かえって混乱してしまうのは、まさに過剰が作り出す逆説である。一瞬で判断する必要がある場所には、情報はたった一つだけに限定した方が良いのだ。これは道路の分岐点でのサインも同じで、「この先トンネル」「この先分岐」「この先カーブ」などと様々な看板が同時に飛び込んでくると、結局混乱して何も情報が無い時より渋滞や事故が増える可能性があるのだ。

航空機の乗り継ぎに関しても逆説的な例がある。私は海外旅行の際、値段の高い直行便よりも、だいぶ安くなる乗り継ぎ便をなるべく選ぶようにしている。しかしこの場合、ちゃんと乗り継ぎが出来るようにいろいろと気を使わなければならない。乗り継ぎ時間が短すぎても不安になるし、長すぎても時間を持て余してしまう。そこで、途中の空港の大きさにもよるが、1時間から2時間程度の乗り継ぎ時間で航空便を探す人も多いと思う。そして大多数の人が同じように考えるとすれば、フライトスケジュールのダイヤはある程度集中していた方が乗り継ぎの利便性が増すことになる。その結果、例えば空港では15時着で17時発などという便利な時間帯の航空便がたくさん設定されることになる。しかし、そうなると今度は離着陸する航空機の数が多くなり、混雑のために様々な問題が起きてくる。例えば出発する客が集中し、そのためセキュリティチェックのところに長い待ち行列ができてしまい、乗り継ぎに間に合わない可能性も出てくるのだ。また、自分の便が15時着でも、空港混雑のために到着が遅れることもよくある。そうなると乗り継ぎ時間を過ぎてしまい、結局次の便に乗れないケースも出てくる。私自身も実際にフランクフルト空港での乗り継ぎで、混雑のためなかなか着陸できずに遅延し、やっと着陸できたと思ったら、飛行機の窓から自分が次に乗るはずの便が飛び立っていく光景を見たことがある。ダイヤは集中し過ぎても分散し過ぎても良くないわけで、ここでもバランスが大事なのである。

パニックと避難

車など乗り物の話をこれまでしてきたが、人の流れにおいても重要な逆説がたくさんある。その例として、地震や火事の時に建物から避難する際のヒントになるものを紹介しよう。まず、群集に危機が迫った際に、人々はどのような行動をとるかについては、古くから様々な研究がある。フランスの心理学者ル・ボンは、１８９５年に『群集心理』を著し、群集の衝動性や道徳性の低下などを考察した。これが最も古い群集心理の考察であるが、その後フロイトも、個人が集団になることで個人の持っていた欲望を最大限満たそうと本能のままに行動する危険性を指摘している。

ここでよくメディアにも登場する言葉である「パニック」について考えてみよう。これは人の集団の秩序が乱れた際に安易に使われることが多いが、実は極めて定義が難しい言葉なのである。私は関連した国際会議に出席する機会も多いが、世界中の研究者でパニックとは何か、という熱い議論が今でも行われ続けており、その考え方の違いをめぐって教授どうしの大論争も見たことがある。通常は、火事や船の沈没など、予期しない突発的な危険に遭遇した際に、群集全体がその恐怖から大きな混乱におちいるような現象のことを指す。しかし、近年の研究で、人が押し合って多くの人が圧死してしまった場合でも、パニックといわれるような状況は起きていなかった、という報告がいくつも発表されている。例えば、自分が生き残る可能性がない状況ではパニックは起きにくい、ということも知られている。航空機が墜落する際の機内や、岩盤が崩落して地中に閉じ込められてしまった状況などでは、人々はもちろん強いストレスを感じながらも、理性的行動をとっていた例もたくさんある。

しかし、生き残る可能性があり、しかもそれが他者との競争を伴うような場合には、非理性的な振る舞いが出現しうる。例えば、火事の際に部屋から建物の外に出る場合である。明らかに安全地帯は建物の外であり、そこに向かうには狭い扉をいくつか通り抜けなければならない。しかし、扉に向かう人が多ければ逆にそこで押し合うことで詰まってしまい、多くの人が動けない状況が発生する。これをチューリッヒ工科大学のヘルビング教授は、freezing by heating（熱くなることで凍結する）という逆説的な表現で呼んだ。これは、興奮して「熱く」なった人々が、ボトルネック（隘路）である出口扉に殺到することで身動きができなくなり「凍結」する、という状況をうまく表現した言葉である。そして逆に、皆が落ち着いて退出した方が結局全員が早く出終わる、ということも言えるのである。

この出口扉からの避難をいかにスムースに行うか、ということで、以前我々が研究した興味深い事実を紹介しよう。それは、出口付近に障害物を置くと、結局全員が早く退出できる、というものだ。邪魔した方がかえってスムースに出られる、という直感に反する逆説的な結果である。これは実験や計算機によるシミュレーションでもちゃんと確かめられており、さらには人だけでなく、アリや羊などの動物、そしてパチンコ玉のような粒子でも同様のことが観測されている。

２０１５年、この障害物による流れのスムース化のテーマで初めての国際会議がスペインで開かれ、私も招待されて世界中の人と議論を深めてきた。なぜこのようなことが起こるのか、という理由については、まだ研究者の間で完全に一致した見解があるわけではないが、一つ鍵を握るのが「待合室効果」と呼ばれている考え方である。大勢の人が狭い出口に殺到すれば、当然流れが悪くなってしまう。そこで、一部の人々は待合室で待機し、残りが出口扉から順番に退出していけば、結果として全員が出終わる時間は早くなるのだ。実際には一部を待合室に誘導するのは困難だが、障害物になる柱をうまく出口前に立てれば、その柱の後ろにいる人は出口に殺到できなくなり、これが一種の待合室として働くだろう。その結果、出口での流れがスムースになるのではないか、という仮説だ。

この研究の応用の一つとして、電車の扉付近に棒を立てることで、乗り降りがスムースになり、定時運行にも寄与できる可能性も挙げられる。スペインではこのような話で盛り上がったが、一番会場を沸かせたのは、羊の退出実験を行ったサラゴサ大学のズリグエル教授の発表である。羊の小屋の前に障害物を置き、そこに牧羊犬で追い込んだ羊たちが一斉に入っていく実験映像は何ともいえず滑稽で、かつ人間社会の争いの縮図のようにも見えてきて非常に興味深いものであった。

さて、建物からの避難に関しては、他にも二つ重要な話題を取り上げよう。まず一つめは、多重ボトルネック問題というものである。建物の外まで出るためには、ボトルネックとなる扉は一つだけではなく、通常はいくつかの出口扉を経由してやっと外に出ることができるのである。この場合、一つ一つのボトルネックをスムースにすれば最終的に早く出ることができるのかという のが多重ボトルネック問題である。これは抽象的な表現でいえば、部分最適を集めれば全体最適になるのか、という問題だといえる。建物のレイアウトが単純な場合は正しいこともあるが、一般的には否定的である。

例えば、【図6】のように左右二つの部屋から真ん中の部屋に合流し、その後に外に出ていくような場合を考えよう。このとき、左右の部屋からスムースに出すぎると、真ん中の部屋での人数が増えすぎて最終出口扉前で大混雑と「凍結」が予想される。そこで、この場合は左右の部屋

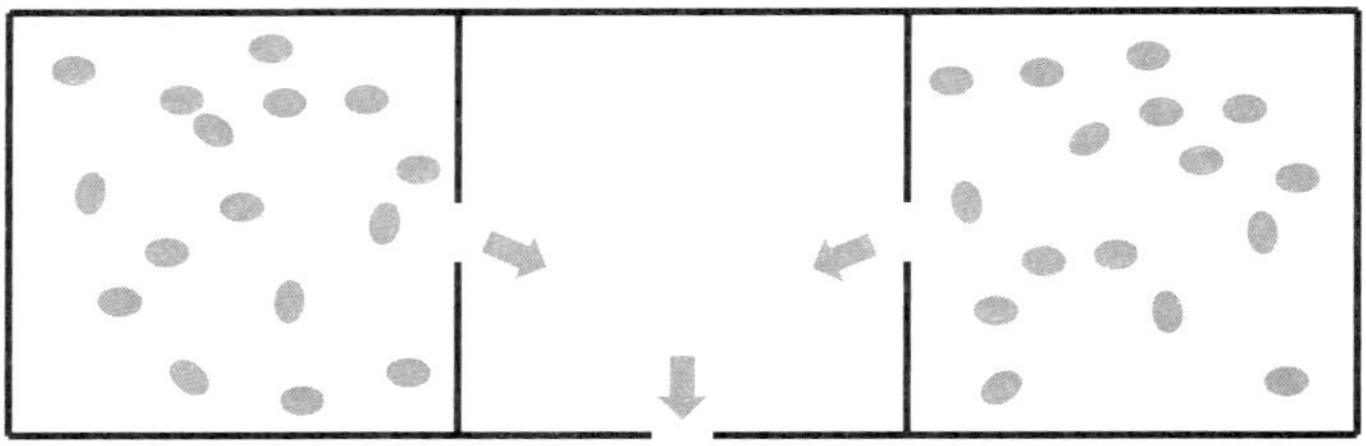

【図６】左右２つの部屋から１つの部屋に出てから外に退避する例。左右からスムースに退避させ過ぎると、真ん中の部屋で混雑してしまい、結局トータルな避難時間は長くなってしまう。

の出口からはスムースに流さない方がかえって全員が退出する時間が早くなることを我々は見出した。これも逆説的な話だが、建物の設計で従来このような考えはあまり取り入れられていないため、安全な避難を考える上で参考にしていただきたい事例である。

もう一つの話題は、部屋に複数の出口がある場合である。例えば部屋に出口が二つある状況で、どちらの扉を選べばよいか、という問題である。現在の建築法規は、人は自分の今いる位置に近い扉を使って外に避難することを前提としているが、もしもその近い扉が混雑していて、遠い方の扉が空いていたらどちらを選択するのが正しいのだろうか。まさにこれは、以前述べた道路ネットワークでの渋滞と同じ状況であり、近くて混雑している方を選ぶか、遠くて空いている方を選ぶのか、という問題である。

さらにいえば、その部屋の外の状況によっても最短となる避難ルートは変化しうるのだ。そして本来は複数の避難ルートで人がうまく分散することが全体最適なのだが、危機が迫って混乱した建物の中でそのようなことが自然に達成できるとは考えにくい。

一刻を争う避難のような場合、こうした難しい判断を人任せにするのは極めて危険であり、避難の際には何らかの誘導や指示が必要である。そして、そのための情報集約と配信システムを事前にきちんと構築しておくことが重要なのである。

自動運転

昨今、自動運転という言葉を耳にする機会がとても多くなった。テレビやラジオだけでなく、学会や私の周囲の研究者との会話でもよく話題にのぼる。ただし車の自動運転というアイディア自体は決して新しいものではない。例えば約25年前になるが、「ナイトライダー」というアメリカの人気テレビドラマがあったのを覚えている人も多いだろう。このドラマの主人公は、人工知能を搭載した「ナイト2000」という自動運転車を相棒に持つ元敏腕刑事マイケルで、彼がその自動運転車の助けを借りながら様々な悪に立ち向かうのが見どころであった。このドラマは日本でも放映されていたので私も見ていたが、まるで人間のようにマイケルの心理を読んで会話をする真っ黒な自動運転車をテレビで見ながら、未来の社会について想像をめぐらせていたのを覚えている。

それから時が経って、今やトヨタやGM、テスラなど世界中の自動車メーカーや、グーグルのようなＩＴ企業までが自動運転車の開発でしのぎを削る時代が到来した。実際にグーグルが開発中の自動運転車は、２０１６年までにその公道走行距離が累計で約３２０万㎞を突破したそうだ。

既にかなりの開発レベルに達していると思われる自動運転車であるが、それでもテレビで見た「ナイトライダー」の世界には程遠い印象で、一般生活道路を自由に走るのはまだ難しい。

また、最近ではテスラ社の自動運転車が公道で自動運転中に大型トレーラーと衝突し、車に乗っていた男性が死亡する事故が起きた。これは、自動運転車のセンサーが強い日差しを受けてトレーラーの白い車体を認識できず、減速せずにトレーラーに突っ込んでしまったのが原因だといわれている。大変悲しい事故であるが、自動運転車の事故の場合、運転手はどこまで責任を負うのだろうか。これはよく考えると極めて難しい問題であることがわかる。完全に自動運転で人間が操作に一切介在しなくていい、という車をメーカーが作れば、事故の責任はメーカーにあるだろう。しかし現在はそのレベルにまだ達しておらず、運転手をアシストする便利機能付き、という程度のレベルであれば、車は最終的に運転手の判断によって動くため、事故の責任は運転手にあると見なされるだろう。

さらに運転のアシスト機能に慣れてくると、人はその便利さに身を委ねて自ら注意して運転しなくなっていき、運転能力を落としていく可能性もある。例えば今や車に搭載したカメラで、道路の車線を認識することができ、そのため車線はみ出し防止アラームなどがついている車も登場している。この機能は安全性を高めると考えがちだが、アラームに頼り切って車線など見ずに適当に運転するようになる危険性もある。これがまさに交通安全の話題でこの章の初めにも触れたリスク・ホメオスタシスである（96ページ）。科学技術は我々の生活をますます便利なものにしてくれるが、それが長い目で見て人間の能力を劣化させてしまう可能性があれば導入には注意が必要なのだ。

人工知能ブーム

さて、こうした自動運転などの未来技術を支える最も重要なものが人工知能である。この言葉も最近よく聞くので、少し考察してみよう。実は約30年前にも同じような人工知能ブームがあり、ちょうど私が大学生の頃に関連した本が書店にたくさん並んでいたのを覚えている。当時はエキスパートシステムなどという言葉が流行り、私も本を興奮しながら読み漁ったが、とにかく専門家の知識を計算機に大量にデータベース化すれば素晴らしいシステムが出来上がる、と信じられ研究が進められていった。ところがそれはある意味で失敗に終わり、そしてまさに歴史は繰り返す、ということで、私にとって2度目になる今回のブーム（実は人工知能は今回で3度目のブームである）が今訪れているのだ。ただ2度目なので、慣れているせいもあって前回ほど興奮しているわけではなく、比較的冷静にその研究動向をたまにチェックしている程度である。今回のブームの肝になる技術の一つが、深層学習（ディープラーニング）というアイディアである。

これも実は1979年にNHK放送科学基礎研究所の福島邦彦さんが論文発表したネオコグニトロンというものと本質的に同じで、やはり歴史は繰り返す、なのだ。この技術の詳細はここでは専門的になり過ぎるため述べることができないが、要するに対象の特徴をいかにうまく自動的に抽出するか、ということに関するものである。例えば私たちは、AさんとBさんを見た瞬間に普通は区別ができる。それはAさんの特徴とBさんの特徴をきちんと区別して覚えているからである。また、写真を見ただけで、それはリンゴかミカンかも分かるし、犬か猫かの区別もつく。こうした当たり前に人間ができることがコンピューターは苦手であり、もしもこれをコンピューターにさせようとすれば、予めリンゴは赤くて、ミカンは黄色で、などとなるべく特徴となりそうなことを人間がすべて準備して入力しておかなければならない。特徴量（対象を認識する際の要素）は膨大にあるわけで、それをいちいちすべてのものに対して完璧に準備しておくのは事実上無理である。それでは深層学習はどうやってこの課題をクリアしているのかといえば、それはまさに今日のもう一つのよく耳にするキーワードである「ビッグデータ」が鍵を握っている。とにかく様々なリンゴやミカンの写真を集められるだけ集めてしまうのである。それらのビッグデータをコンピューターに読み込ませると、内部でうまく特徴を自動的に学習してくれる方法が深層学習なのである。特徴量を予め入力しておかなくても良いことから、その応用は爆発的に広がっており、今では画像や文字の認識だけでなく、医療の診断や市場の予測にまで活用され始めている。

ただ、ここで指摘したいことは、コンピューターが抽出した特徴量は、人間が理解可能なものではない可能性がある、ということだ。普通は特徴量といえば赤い色とか、角ばっているとか、何か我々にとって意味を持っている概念である。しかしコンピューターの内部では一般にそのようなものを抽出しているわけではなく、人間には「わけのわからない」量を特徴量として保持している場合がほとんどである。しかしその意味不明な特徴量を使っても判別できるのがこの深層学習という技術なのである。したがって、簡単な場合ならば問題ないかもしれないが、投資の判断や治療の方針など、高度で責任を伴うものを深層学習を使って判断する場合、その根拠となる理由が人間には分からない可能性があるのだ。しかもその判断が失敗した場合に誰が責任をとるのか、という問題も出てくる。つまり、便利だがブラックボックス化が進んでいけば、長期的には人間の思考停止と無責任が蔓延する社会になってしまうのでは、という危惧がある。

将来社会で人工知能が汎用的に使われるためには、実はまだ解決しなければならない大きな課題がいくつか残っている。その一つに「フレーム問題」といわれるものがあり、実はこれが30年前の人工知能ブームが失敗した原因の一つであった。これは簡単にいえば、現実をどのような枠組み（フレーム）で見るか、を決めることであり、関係があるものと無いものを切り分ける、というタスクである。これはまさに物事の目的や意味を定めることに他ならない。コンピューターは、枠組みが決まった問題を解くのは得意だが、設計仕様から外れた問題を解けるほどまだ柔軟にできていない。

例えば、部屋を掃除しておいて、と言われたら、我々ならば普通はさっと床を掃いたり、ゴミを捨てたり、あるいは時間があれば窓を拭いたり、と臨機応変に対応できるだろう。特に何をすべきで、何をすべきでないか、大抵の場合はいちいち相手に伝える必要もない。しかしコンピューターはこれらをすべて指定しないとまともに動かず、下手をすると、そのまま家全体に水を撒き散らすこともあり得るのだ。

実はすべきことは通常有限であるが、してはいけないことは無限にある。例えば窓を拭くときは傷がつかないように、とか、燃えないゴミは一緒に捨てない、とか、リストを書き出すときりがない。これは、法律の中に社会でしてはいけないことをすべて記述することはできないのと同じである。そして我々は無限の可能性の中から通常すぐに目的にあった行為をすることができるが、計算機はそれが苦手である。仮に無限の可能性をもし入力できたとしても、それを検索するのは無限の時間がかかり、行動が停止してしまうだろう。もちろん人間もフレーム問題で停止してしまうことがあるが、我々は大抵の場合、不思議とこれをクリアしているように見える。そしてその根本にあるのが、かけがえのない、有限の命である人間の、自らの身体を守る、という大きな目的であろう。

コンピューターにはこうした身体性は存在せず、ここが機械と生物の根本的な違いであると考えられる。それではコンピューターにこうした価値観を教えたらどうなるか、ということであるが、これこそスピルバーグ監督が２００１年に映画「A.I.」で取り上げたテーマなのである。この映画は母子愛がテーマの人間型ロボットの話で、様々な人間社会のフレーム問題に悩む子供ロボットの一途な行為が切なく胸を打つ。この問題に対する回答はまだ人類は持ち合わせていないが、この映画にはそれを考える大きなヒントが描かれているように思う。

そしてもう一つの論点がグレーゾーンの存在である。現実社会の判断には、白黒をはっきりつけられるような正解のあるものは少ない。人間関係や投資判断、そして犯罪の判定など、正解が無い、時には矛盾したところで答えを決めなければならないこともあるのだ。しかし、ＡＩの基盤である機械学習では、この白黒の線引きを自動で行うのであり、それは正解のある問題には良いのだが、そうでない問題に適用するのは危険である。人間に近づくためには、まだまだ数段乗り越えなければならない壁が現時点で存在するのだ。

最近では将来人工知能によって無くなってしまう職業、という記事がネットを賑わせているが、以上の考察により、人工知能はそう簡単に人間に置き換わるものではないと私は考えている。むしろ人間の不得意なところを補い、人間を補強する意味で人工知能と付き合っていく共生社会を目指す必要があるのではないだろうか。

そして人工知能のように社会的インパクトが大きな科学技術は、もはや科学者のみが開発に関わっていくだけでは不十分であり、法体系や倫理なども含めた総合的な議論を並行して行っていく必要がある。しかし従来の縦割りの学問体系では、このような横断的に多様化していくニーズにもはや対応できないだろう。今や文理融合も含めた、大きな知の再編成が必要な時期に来ているのだ。

安全安心

以前にパスワードの過剰セキュリティの話を述べたが、これは様々な場面で近年顕著になってきているように感じる。マンションの防犯機能も同じであり、例えば1階の入り口ドアに鍵がついていれば、もちろん新聞配達など外部の人は中まで入れない。そのため、住民が毎朝エレベーターで1階の集合ポストまで新聞を取りに行く光景が当たり前になってしまっている。いちいち着替えて準備しなければいけないのは大きな手間であるが、セキュリティを優先すれば便利さは犠牲にせざるを得ない。別の例で、振り込め詐欺を防ぐために、ATMの付近では携帯電話が使えないようにする、という方法も議論されている。詐欺集団は、ATMの操作を携帯電話で指示することが多いからである。しかしこの方法では、確かに詐欺を減らすのには有効かもしれないが、周囲にいる関係ない人までも携帯電話が使えなくなり、不便な思いをさせてしまうことになる。また、監視カメラをたくさん取り付けることで防犯になり、安全安心に貢献できるかもしれないが、逆に常に自分の行動もモニターされているわけで、プライバシーの問題が今度は犠牲になってしまう。犯罪抑止と便利さやプライバシーは両立しない場合も多く、そのバランスをとるのは難しい問題である。

ここで犯罪と法に関しても少し考察をしてみよう。罪を犯してしまった人に対して、もしもそれが初犯の場合は、通常は執行猶予が適用されることが多い。しかし再犯者に関してはもちろんその適用は厳しくなる。日本では、人は過ちを犯してしまっても凶悪なものでない限り、まずは更生のチャンスを与えよう、という発想である。つい出来心で、ある一線を超えた行為をしてしまったが、その後十分反省している人を温情もなく厳しく処罰する社会を我々は生きやすいと思うだろうか。犯罪として罰するかどうかは、グレーゾーンの判断になる。それゆえ司法は様々な状況を考慮し、責任を持って公正な判断をしなければならない。

ところが近年、この判断を先ほど述べた人工知能に任せる、というアイディアも議論され始めており、私はこれは極めて危険であると考えている。人工知能にはグレーゾーンというものは基本的に存在せず、プログラム次第で必ず善悪どちらかを定めていくものである。そして内部がブラックボックスであれば判断の正しさを我々が納得することができないし、判断の責任を誰がとるのかは難しい問題である。したがって、人工知能を採用することは、裁判の迅速化などのメリットはあるかもしれないが、あくまでもそれは人間の補助であるべきなのだ。

環境資源

最近中国の「網易《もうい》」というポータルサイトに興味深い記事が掲載された。そのタイトルが、「農地を貸したら5年放置！『愚かな日本人』と嘲笑する中国人を、驚愕の結末が待っていた！」というものだった。日本の大手企業3社が共同出資して山東省に農地を借りたが、最初の5年間はその土地は放置されて野草が伸び放題の状態だったそうだ。そのため、現地ではこの日本人の行動を理解できなかったが、5年後になって初めて牛を飼ってその糞で土壌を改善、そしてそこで無農薬の農作物を栽培してそれを乳牛に食べさせ、品質が高く安全な牛乳を生産するようになった、とのことである。

つまり、いきなり種を播いて農業を始めるのではなく、まず土を作るところから始めたのだ。化学肥料や農薬によって汚染されて痩せた土地をまず5年かけて回復させた。そして無農薬のために初めは農作物の生産量もうまく伸びず赤字だったが、それでも生産を続けることで、結局食品安全の観点からもその農場の作物は高値で取引されるようになったそうだ。目先の利益を追い求めず、農薬を使わないことで5年間以上損を出し続けても、地道な下積みを重ねていくことの方が長期的に見れば利益になる、ということを中国の人はこの例から学んだそうだ。自然の再生より早いペースで自然を使い続けていれば、いつか環境は破綻する。我々は何かを作るたびに、自然環境に対して負荷を発生させていることを忘れてはいけないのだ。

魚や貝などの捕獲も同じ問題があり、乱獲を続けていると絶滅してしまう。しばらく獲るのを控え、魚や貝が育って海が豊かになったときにまた適当な量を自然から分けてもらうことで、末永く共生できるのだ。短期的な視野にとらわれ、高く売れるからという理由で皆で競争のように取り漁ってしまうと、結果としてその自然の恵みを永遠に失うことになる。この問題は、アメリカの生物学者のギャレット・ハーディンによって「共有地の悲劇」と名付けられたが、どのように解決していくべきかは難しい問題である。本来はこの最適な漁獲量こそ科学的に計算されるべきだが、お互いの思惑もあって実際にその調整は極めて難しい。これについては後ほどまた考察しよう。

そこで発想を転換して、資源をこれ以上多く消費するのではなく、どこかで余ったものを必要なところに移して偏在を無くす取り組みが近年進められている。これはある意味で問題の解決に向けて極めて有効な方法であろう。そしてこれが可能になってきたのは、いわゆるＩｏＴ技術の進展のおかげである。ＩｏＴも一昨年より科学技術の世界でのホットなキーワードであり、それはInternet of Things、つまりモノのインターネットの略記号である。様々なセンサーをモノにとりつけ、コンピューターだけでなく、モノもインターネットに接続し、情報をやり取りする技術である。

例えば街にあるゴミ箱すべてに重量センサーをとりつけ、中に入っているゴミの量の情報を常時ネットに流すとしよう。そうなると街のゴミ回収車は、中にゴミがたまっていないところは取りに行く必要がなくなり、今よりもはるかに効率よくゴミの回収が可能になるだろう。自動販売機へのジュースの補充も同じで、自動販売機の方から「もうそろそろオレンジジュースが無くなる」という信号を会社に送ってくれれば、仕事は効率化され、かつ売り逃しの機会損失も減少する。また、建物のあちこちにひずみを測るセンサーを取り付けておけば、何か問題があれば信号を送ってくれるため、いちいち定期点検しなくてもよくなり、事故を未然に防ぐこともできる。

こうしてモノが状態を勝手に報告してくれるネットワークがＩｏＴ技術の肝で、それは安価で小型の様々なセンサーが近年開発されてきたことで可能になったのだ。これらセンサーは携帯電話の中にも既にいろいろと搭載されており、もはや我々の生活に欠かせないものになりつつある。それを資源の偏在を解消することにうまく活用できれば、余っているものを足りないところにある程度自動的に回していく、といった最適配分は比較的簡単にできるようになるだろう。しかもこれは単なる技術では終わらない社会的インパクトがあるもので、もしかしたら経済のしくみを根底から変えてしまうかもしれない。これはシェアリング・エコノミー（共有経済）と呼ばれており、例えば個人の空き部屋と旅行者をマッチングするサービスを提供するAirbnbや、個人の自動車と移動したい人をつなぐUberなど、その利用者は現在爆発的に増加している。

国際関係

最後に国際関係における逆説の例を見てみよう。国家間には、歴史の中で築かれてきた深いつながりのある国どうしがあり、そこには利害関係を超えた心を打つ物語がいくつもある。以下、日本に関係した二つの例を取り上げよう。

まずは、命のビザの話である。これは、第二次世界大戦中にリトアニアの外交官であった杉原千畝《ちうね》の物語で、2015年に映画にもなったのでご存じの人も多いだろう。リトアニアはポーランドの北に接した国であり、当時ドイツ軍がソ連に侵攻する際の通り道にあった。ナチス・ドイツはリトアニアに住むユダヤ人を大量に殺害したが、ユダヤ人への迫害は隣国ポーランドなどでも激しさを増しており、それから逃れようとしてたくさんの難民がヨーロッパ各国から他の安全な国を目指して移動を始めた。また、杉原千畝を研究している白石仁章《まさあき》氏によれば、ナチスの脅威というよりも、当時リトアニアを含むバルト三国を併合したのはソ連であり、スターリンの脅威が迫っていたのが大きな背景にあったそうだ。

この時、リトアニアのカウナス領事館に赴任していた杉原の下に、シベリア鉄道経由で日本を通過しアメリカなどに逃げるために、日本の通過ビザの発行を求めて連日たくさんの難民が押し寄せた。日本政府の方針は、最終避難先の国の入国許可を得ていない者には通過ビザを発給しない、というものであったが、杉原は人道的な理由でこの外務省からの命令に反して、寝る間を惜しんで大量のビザを発給し続け、およそ6000人にのぼる難民を救ったといわれている。

この彼の判断は、外務省からは非難されることとなり、日本に帰国後外務省を退職した。その後、日本国政府による公式の名誉回復が行われたのは2000年になってからであり、当時の外務大臣の河野洋平は、杉原の人道的判断を誇りに思う、という演説を行ったのだ。そして2011年3月11日に東日本大震災が発生した際には、今こそ我々は杉原の恩義に報いるときである、というアメリカのユダヤ人組織オーソドックス・ユニオンによる公式声明が発表され、日本に義援金が送られたのだ。さらに2016年になって杉原の没後30年を機に、イスラエル・ネタニヤ市のある道路が「チウネ・スギハラ通り」と名付けられた。そこは杉原から発給されたビザで欧州を脱出したユダヤ人たちが戦後に多く移住した地域だそうだ。このように時代と国を超えて彼の勇気は高く評価されており、同じ日本人として大変誇りに思う人も多いだろう。

次に日章丸事件の話を取り上げよう。これは百田尚樹氏のベストセラー小説『海賊と呼ばれた男』のモデルにもなった、出光興産の創業者である出光佐三《いでみつさぞう》に関係したエピソードである。日本の実業家である出光が信念と勇気を持ってイランと組み、石油を牛耳っていたメジャー相手に戦う話で、戦後に打ちひしがれていた日本を大いに勇気づけた事件であった。日本の復興のためには石油が必要であるが、それは欧米のロイヤル・ダッチ・シェルなどの石油メジャーが握っており、そこから不利な契約で石油を買うしかない状況にあった。出光は日本の復興のためにはこのような状況を放置できないと考え、そこで目をつけたのが石油産出国イランであった。当時イランは石油埋蔵量が世界最大ともいわれていたが、その石油はイギリスのアングロ・イラニアン社が牛耳っていた。既にイランは戦後イギリスから独立していたが、石油はイギリス資本の管理下におかれており、そのためイランには利潤が十分に回らない構造になっていた。これに反発したイランは、ついに1951年に石油の国有化を宣言し、これに怒ったイギリスは、ペルシャ湾に艦隊を派遣し、イランに石油を買い付けに来たタンカーは撃沈するという声明を発表したのだ。

この様子を見ていた出光は、イギリスの制裁は国際法上の正当性はないと判断し、イランと日本の困窮した状況を救うために壮大な計画を勇気を持って実行したのだ。まず、日本政府とイギリスの関係を配慮して、第三国経由で代理人を送り、イランの首相などと秘密裏に会談を行った。出光は長い交渉の末に石油買い付けの合意をとりつけ、日本からイランに向けてタンカーを出発させたのだ。このタンカーの名前が日章丸である。日章丸はまったく武装はしておらず、それでも見事な操舵で機雷や浅瀬をかわし、イギリス海軍の包囲網をくぐり抜けてイランから無事に石油を積んで帰国することに成功したのだ。この行為は世界に知れ渡ることになり、ニュースで大きく報道された。アングロ・イラニアン社はこれに対して裁判を起こし、日本政府に圧力をかけたが、イギリスによる石油独占を快く思っていなかったアメリカもこの事件を黙認し、そして世界の世論は既に出光の味方であった。出光は法廷で、自分の行動はまったく恥じるものではないとイギリス相手に堂々と主張し、結局出光は勝利したのであった。

この後、石油の取引は自由貿易の流れになり、日章丸事件はイランや日本だけでなく、世界の発展のために大きく貢献したのだった。そしてその後イランは親日国家となり、一時は渡航の際もビザ無しの協定を締結するなど、良好な関係を構築できたのだ。しかし1979年のイラン革命後にイランとアメリカの対立が深刻化し、アメリカとも友好関係を築いてきた日本は、外交上の圧力の下で今日に至るまで難しい立場に置かれている。しかし、民間ベースでは現在でも親日派が多く、実際に私の友人もイラン人と結婚し、現在イランで暮らしている。

最近、出光興産と昭和シェル石油の合併提案に対して、出光の創業家が反対しているというニュースを見たが、この事件を知っていれば、ロイヤル・ダッチ・シェルなどの石油メジャーに対抗してきた出光と昭和シェルの企業文化の差は感情的に納得できる話であろう。

以上、杉原も出光も、危険を冒してあえて損に見える行為をしたが、その勇気ある行動を相手は決して忘れることはなく、後になって大きな恩返しが待っていた、という好例である。こうした利他的な行為によって結ばれた信頼関係は、何物にも代えがたいものであり、逆にそれはもしも危険を冒していなければ、手に入れることはできなかったものである。

第二章　逆説を支える法則

逆説の条件

これまで様々な逆説の事例を見てきたが、いよいよ本章にてそれらの背後にある「法則」を見出し、きちんと整理していこう。無駄やマイナスだと思っていたものが、後で役に立った、という例についてこれまで考察してきたが、これはまさに無駄の定義と関連していたのである。無駄は「期間」「目的」「立場」の三つを定めないと決まらない、と繰り返し述べてきた。そこで、逆説もこの三つを軸に考えていくのだが、実は「立場」に関しては、「目的」に含めて考えることもできることを指摘しておこう。

例えば従業員の立場で考えるとは、従業員を幸せにするという目的で考える、と言い換えることもできるため、無駄を決める本質的な条件は期間と目的の二つであると考えてもよい。そこで、期間型の逆説と、目的型の逆説の二つに分類することができるが、本書で特に重要視しているのが時間の概念が入っている期間型である。そこで、特に断らない限りは逆説といえばこの期間の

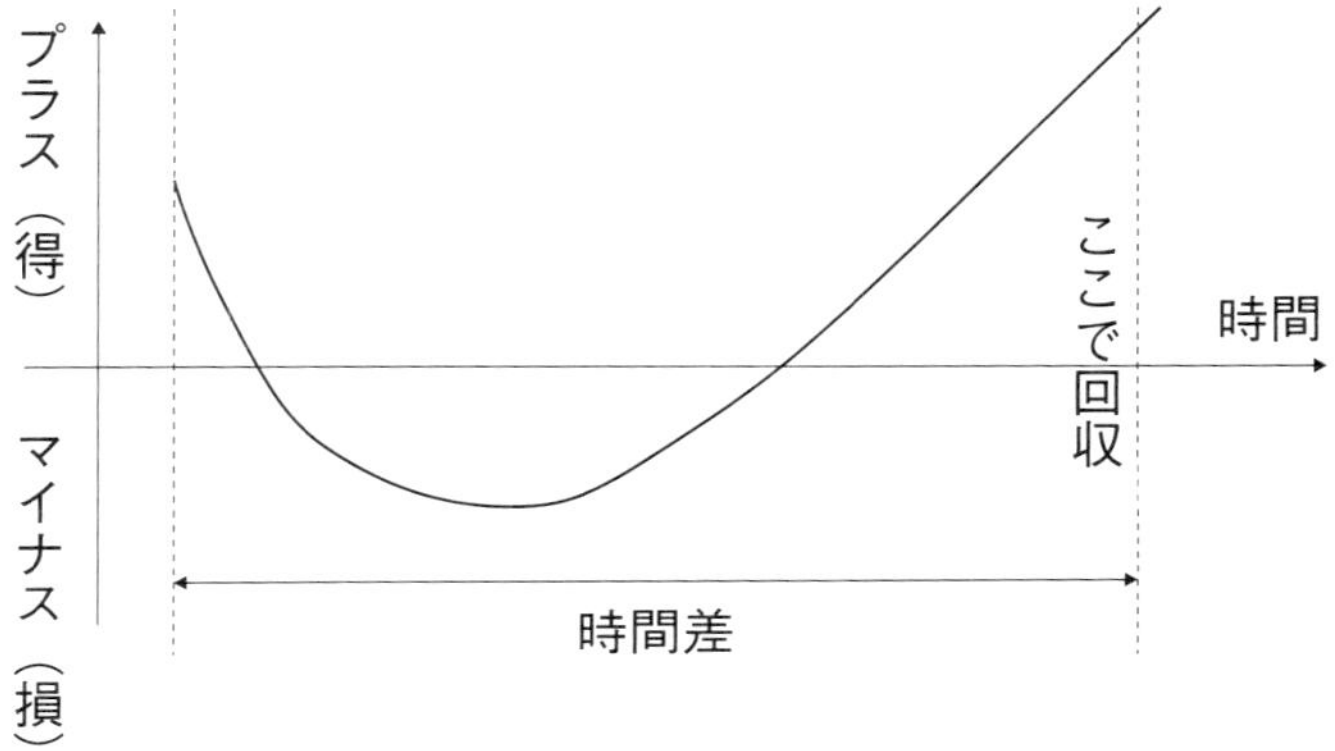

【図７】「期間型の逆説」を表したグラフ。マイナスが直ちにプラスに転じることはなく、少し待つことが重要で、やがて効果が表れてくる。

概念が入ったものとし、目的型については後ほど少し考察を加えることにしたい。

それでは期間型の逆説の定義について整理していこう。まず、逆説となるためには、はじめのマイナスを補う以上に将来プラスに転ずることが絶対条件である。大きなマイナスの後に少しのプラスが来ても、ふつうはあまり有難みを感じないだろう。やはりこれまでのマイナスをすべて回収できて、トータルでプラスになるところに逆説の醍醐味があるといえる。

しかもこのプラスに転じるのは、【図７】のＪカーブのように少し時間が経った後であることも重要である。マイナスがすぐに直接プラスに転じるのではなく、少し待つことで何らかの波及効果が起こり、その結果プラスになっていくものを「期間型の逆説」と呼ぶ。時間がかかることで、将来プラスに転じるまで待てない人も出てくる。しかしそこで我慢して待てる人だけが享受できるこのプラスこそが蜜の味であり、だからこそ希少価値のあるものなのだ。それが逆説としての驚きと深みにつながっていくため、この時間差の存在も逆説にとって重要な要素であると考える。

さらに、マイナスからプラスに転じるプロセスも重要であり、マイナスとプラスの間に因果関係がなくてはならない。つまり、「先にマイナスをとったおかげで後でプラスになった」、というロジックが必要であり、後で偶然にプラスになったとか、プラスになった理由を説明できないものは再現性が疑わしいためここでは排除する。そしてこの因果関係のロジックのことを「逆説を支える法則」と呼ぼう。あるいはこの本のタイトルにある通り、シンプルに「逆説の法則」といってもよい。それは厳密なものであればそれに越したことはないが、そうでなくても確率的にほぼ正しいといえるものや、多くの人がきちんと納得できる理屈で追うことができれば、ここではそれを法則として扱うことにする。

ここで私が新しく提案したい言葉が「科学的ゆとり」である。これはただの「ゆとり」とは違うもので、これこそ逆説の肝になるものだ。まず、マイナスをとる行為そのものは、様々な事例を検討すると「ゆとり」という言葉がちょうど当てはまることが多い。例えば、ある高校では昼食後にあえて15分程度のお昼寝タイムを設けたところ、かえってその後の授業では眠気が無くなって集中力が増した、という結果が出たそうだ。これは最近企業でも午睡の時間として導入しているところもあり、逆説的な仕事効率化の方策の一つといえる。この睡眠に充てる時間は、ゆとりの時間として捉えられることが多いが、私はこの場合、単なるゆとりの時間とは異なるように思えるのだ。通常のゆとりの場合は、特に目的を決めずに自由に行動することであり、運が良ければ何か役立つものが生まれるかもしれないし、そうでないかもしれない、というものだ。

これに対して、睡眠にはきちんとしたプラスへのロジックが存在する。つまり、授業時間中に寝ることは、明らかに短期的にはマイナスの行為であるが、それにより疲労が回復してかえって勉強がはかどり、ミスなども減って結果として成績の向上が達成される、という仕掛けである。しかも、その15分というのは適当に決めたわけではなく、いろいろと実験して決めたものであり、その時間は5分でも30分でもなく、その高校では15分が適当だったそうだ。これは科学的に決めたといえるものであり、これこそが「科学的ゆとり」なのである。つまり、マイナスからプラスに転じるロジックのあるマイナスのことを「科学的ゆとり」と定義する。これは、ロジック無しでマイナスをとり、あとは運任せでプラスを待つ、という普通のゆとりとはまったく異なることに注意しよう。科学的なロジックがあるおかげで、将来高い確率で短期的な損を回収できてプラスに転じることができるのだ。

以上をまとめると、期間型の逆説の定義とは、以下の二つの条件を満足するもの、とすることができる。

(1) 初期にマイナスでも、ある期間後にトータルでプラスに転じること
(2) マイナスとプラスの間に因果関係があること

そしてこの因果関係のロジックこそ逆説を支える法則であり、その下であえてとるマイナスのことを科学的ゆとりと呼ぶ。

マイナスとプラス

次に、これまで議論してきたマイナスとプラスの意味を少し深く考察してみよう。最も分かりやすいものがお金を基準として決める方法である。これは客観的に数値化でき、その値が小さいか大きいかでマイナスやプラスを定義することができる。また、企業でいえばシェアや獲得顧客数なども数値化可能な客観的指標になり得る。その他にも、時間や重さ、速度など物理的に計測可能なもので、それがお金などの価値観と結びつけばマイナスとプラスとして用いることができる。

また、これまでの例にも見られたが、必ずしも客観的な基準がなくても、マイナスとプラスとして考えられる対立的な概念ならば逆説になり得る。例えば、苦と楽、不快と快、不利と有利、不便と便利、非効率と効率、負けと勝ち、不安と安心、弱と強などが挙げられる。これらはお金のように客観的に数値化することが難しいものばかりであるが、主観的な価値判断であってもほとんどの場合で問題は生じない。なぜならば、主観といっても明らかに苦よりは楽の方がいいわけで、そういう意味ではこれらの対立語はすべてどちらがマイナスかプラスかを状況に応じてきちんと定めることができるからである。

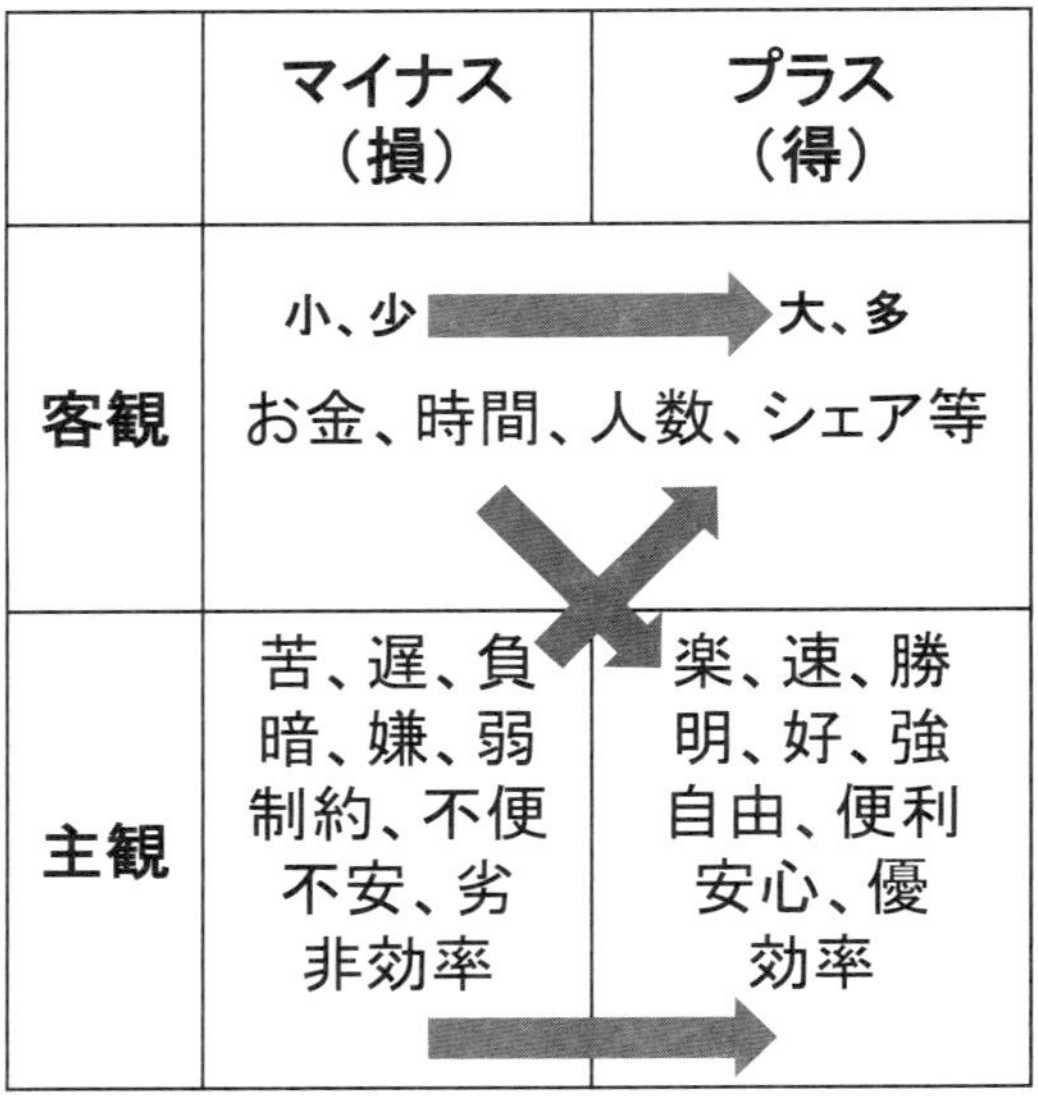

	マイナス（損）	プラス（得）
客観	小、少 ➡ 大、多 お金、時間、人数、シェア等	
主観	苦、遅、負 暗、嫌、弱 制約、不便 不安、劣 非効率	楽、速、勝 明、好、強 自由、便利 安心、優 効率

【図８】客観と主観の２つの指標があり、それらが時間の経過とともにマイナスからプラスに転じていく。

そしてマイナスがプラスに転じる、とは、お金などの客観的指標の場合はその値がプラス側になることであり、対立語の場合は、例えば苦から楽になることを意味する。ただしここで注意すべきことは、必ずしも対立語のペアどうしが入れ替わらなくてもよい、ということである。つまり、苦から有利に転じる、とか、不便から安心に転ずる、ということがあってもよいのだ。例えばマンションのセキュリティを高めて、共用部分のすべての出入口に鍵をつけたとすれば、往来が不便になるけど防犯上の観点からは安心するだろう。つまり先ほど挙げた主観的な対立語を横断的に対応させても構わないのである。さらにいえば、いまお金を人より多く出資しておけば、後になって有利な立場になることができる、といった、客観と主観の間でマイナスがプラスに転じることもありうる。以上の考察をまとめたものを【図８】に示した。マイナス

（損）とプラス（得）として、客観指標と主観指標の二つがあり、ある期間経過後にマイナスがプラスに転ずる方向も矢印で示してある。

この矢印は、客観から客観へ、そして主観から主観への水平なもの以外に、左上から右下、また左下から右上という主観と客観が入れ替わるものもある。例えば、お店で騙されて高いお金を支払ったとしても、「いい社会勉強をした。この体験が将来の大きな損を防いでくれるかもしれない」というロジックを自然に考えられる人は強い。それは矢印が客観の左上から主観の右下に移動しており、損をしてしまっても自分の気持ちだけでマイナスをプラスに変えることができる人なのだ。主観の部分については、それをマイナスとするかプラスとするかは本人の捉え方次第なのである。したがって、お金や時間等の一時的な損を嘆くのではなく、長い目でみてその損を補っても余りあるほどの得が得られるように、その失敗経験を生かすことができれば逆説になる。

そして【図8】で左下から右上に向かう矢印も同じである。つらい経験をした後で、それがきっかけで思わぬ味方ができて援助してもらうようになった、という経験がある人は多いだろう。その時に、「あの時のつらい経験があったおかげで、今こうして事業に成功したのだ」などと考えることができたら逆説といえるのだ。もちろん先ほど述べたように、そこにはロジックがなければならない。例えばあまりにも理不尽でひどい経験への同情から、支援したいと思う人やお金が集まり、メディアも味方して、などと普遍的な因果関係を展開して現在の成功につながれば、それは立派な逆説として成立するのである。

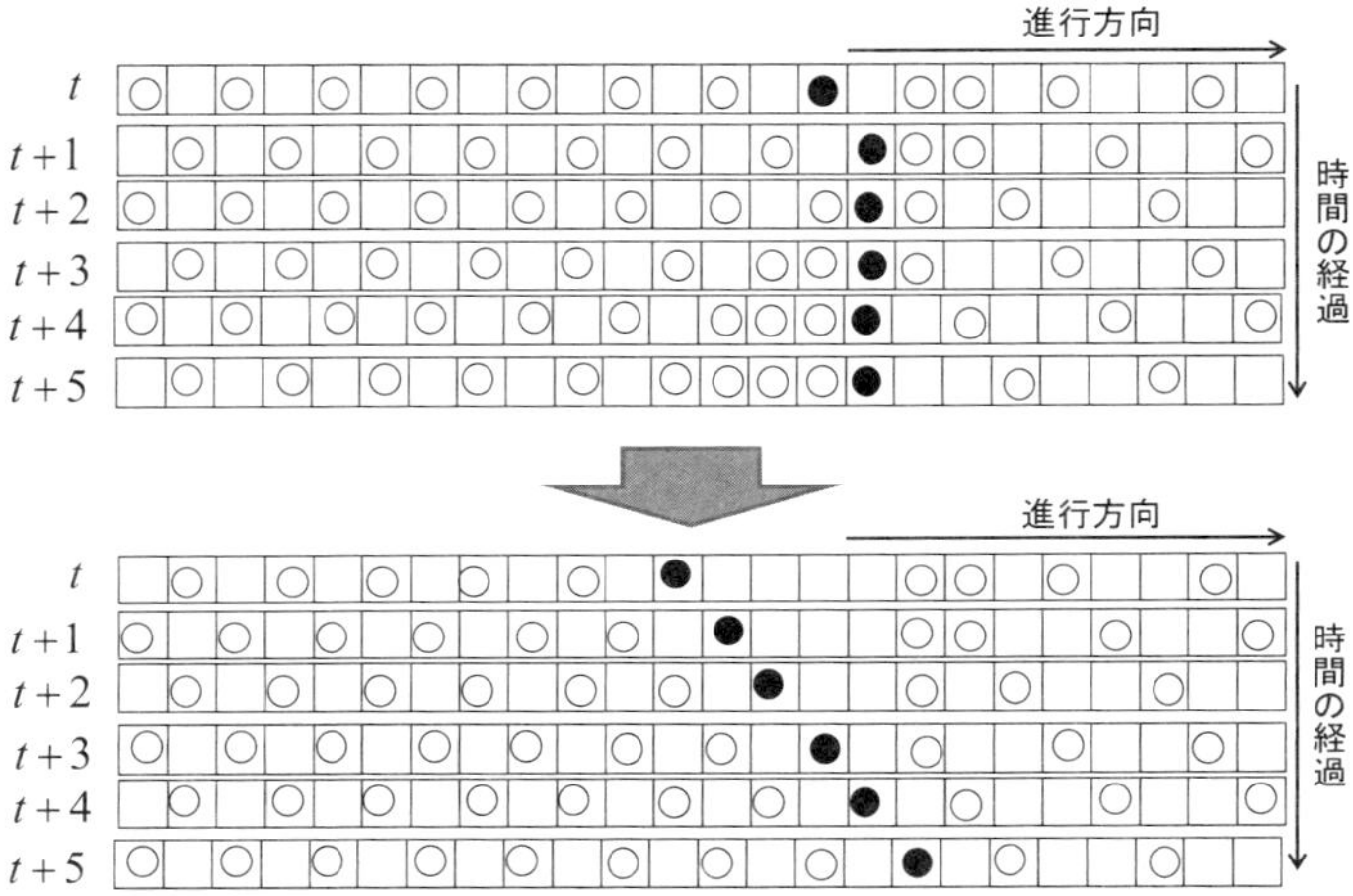

【図9】交通渋滞を表した図。上が車間距離をとらない場合で、下が車間距離をとっている場合。渋滞の上流ではゆっくり走って車間距離を開けた方が得なのがわかる。「●」は下図では渋滞吸収車を表しており、それに対応する車を上図でも同じ「●」で記した。

以上で議論する枠組みが整理できたので、これからいよいよマイナスがプラスに変わるロジックについて具体的に考察していこう。それは以下に示す通り、四つの法則でまとめることができる。

空けるが勝ち　その1：急がば回れ

まず、多くの逆説に共通している科学的ゆとりが、わざと間を空ける、というものであった。そこで、逆説を支える第一の法則として、「空けるが勝ち」というのを提案したい。

この例として、前章で議論した渋滞吸収走行のロジックを取り上げよう。これは「急がば回れ」という逆説の典型的な法則で、以下の簡単なモデルで科学的に理解することができる。

まず、【図9】のように道路を区切ってたくさんの区画に分ける。そして、一つの区画には車は1台しか入れないとしよう。すべての車は右に進んでいくが、そのルールとして右隣りの区画に車がすでにいれば、もちろん右には進めないとする。そして右の区画にまったく車がいなければ、1時間ステップで1区画だけ前に進める、ということを繰り返していく。ただし、より車に似せるために、もしもある時間で右の区画に車がいて動けなかった場合は、再び右の区画が空いて動けるようになっても1回休んでからまた動き出す、というルールにする。これは、一度止まった車は再び動き出すのに少し時間がかかる、という車の重量を考慮したもので、専門論文ではスロースタートルールと呼ばれている。トラックなどを想像すれば、一度止まってしまうと再び動き出すのに少し時間がかかることは容易に分かるだろう(「●」は後述)。

以上のルールで車を一斉に動かしていった例が【図9】に示されている。上段の図は、時間が経つにつれて(t, $t+1$, $t+2$…)、渋滞領域に次々と車が到達し、渋滞が成長していく様子を表している。はじめはたった2台の車が渋滞していただけであるが(時刻t)、5時間ステップ後には渋滞に巻き込まれている車が5台に増え、このまま車が後ろから来続けるともっと大きな渋滞に成長していくことが分かるだろう。

次に下段の図であるが、これもはじめにまったく同じ2台の小さな渋滞が発生しているが(時刻t)、その上流からわざと車間を空けた車が近づいている、という状況である。下図ではこの車を「●」で表している。これが以前に説明した渋滞吸収車であり、渋滞に近づく前にどこかでいったん遅く走って車間を空け、その状態で渋滞領域に近づいていく車を表していると考えればよい。そうすると【図9下】で分かる通り、今度は2時間ステップで渋滞は消えてしまい、すべての車がスムースに動いていることが分かる。この図以降の時刻では、上段は悲惨な渋滞が待っているが、下段はまったく渋滞がない状態になっており、この地獄と天国の差は初期のたった少しの車間距離の違いだけである。

上段の「●」が、渋滞吸収運転をしなかった場合の同じ車を表している。つまり、下段の図では前に詰めることができるのに、あえて損に見えるような車間を空けることで、後になって道路全体として大きなプラスを得たのである。しかもこの場合、よく見ると渋滞吸収走行をした車自体も、同じ5時間ステップ目の上下段の「●」の位置を比較すると、1区画だけ右に進んでいることが分かる。つまりゆっくり走って車間を空けたにもかかわらず、結局渋滞に巻き込まれないことで走行時間が短くなっており、渋滞吸収車にもメリットが出ているのだ。もちろん燃費についてはこの渋滞吸収運転によって向上しているのは明らかである。

以上の単純なモデルにより、渋滞の上流であらかじめ確保しておいた車間距離のおかげで、渋滞をうまく吸収して消している様子が理解できたのではないかと思う。そしてこれこそ、急がば回れということを科学的に示した一例なのである。

これと似たような例として、最近ネットで見つけた興味深い記事を紹介しよう。それは、インドの航空会社エア・インディアの話で、デリーからサンフランシスコに行く便であえて長い距離の航路に変更したところ、飛行時間を大幅に短縮することに成功した、というものである。従来は飛行距離の短いヨーロッパ方面から大西洋を通過する西回りのルートをとっていたが、新たに中国を横断して日本上空を通過し、太平洋を横断する東回りのルートに変更したのだ。この変更で航路は約1000㎞も長くなったが、2時間以上もの大幅な時間短縮になったそうだ。

このロジックであるが、それは偏西風をうまく活用した、というものである。新しい東回りのルートは、偏西風を追い風にすることができるため、偏西風に逆らって飛行する従来の西回りルートに比べて機体の空気抵抗も減って飛行速度が上昇し、燃費も向上したのである。このように、遠回りした方が早くなる、というのは、多くの場合で適用できる考えであり、身近な例では混んでいる近道より、空いている遠回りの道の方が結局早く目的地に着く、ということが挙げられる。そしてこのように遠回りする行為も、目的地までの間に冗長な「間」を入れることと考えられるので、広い意味で「空けるが勝ち」の法則に該当する科学的ゆとりと考えることができる。

空けるが勝ち　その2：バケツリレー理論

わざと空ける、という科学的ゆとりは、車間だけでなくいろいろと応用が利く考え方である。次はバケツリレーを例にとって考察してみよう。

川から水を汲み、皆でバケツリレー方式で運んでなるべく早く陸にある貯水タンクを満タンにする、という作業を考える。川からタンクまで人が一列に並び、水の入ったバケツを次々に手渡していくのだ。ただし、人の数はこれ以上増やせないとし、調整できるのはバケツに入れる水の量のみ、としてこの問題を単純化する。

この場合、どうすれば最も早く貯水タンクが一杯になるだろうか。バケツに一杯に水を入れて運ぶのが最も良さそうに思えるが、そうするとバケツが重くなり、人も疲れてそれを運ぶスピードはゆっくりになってしまうだろう。しかし、最後の人がタンクに注ぐ水の量は確かに多くなる。逆に、バケツに水をあまり入れない戦略の場合、軽いので早く運べるが、今度はタンクに注ぐ量は少なくなってしまう。それでは、どのぐらいの水の量をバケツに入れれば最も早いか、ということが気になるが、その答えは約7割となることが数学的に示される。詳細は数式が多くなるのでここでは述べないが、バケツに入れる水の量が増えると運搬速度が遅くなる、という反比例の関係だけを考慮すれば、この結果を自然に導くことができるのだ。もちろん諸条件によって7割という数字自体は変動するが、満タンに水を入れず、少し空けておいた方が早く終わる、というのはかなりの広い条件で成立することがわかっている。

この話は、作業の現場監督者になった気持ちで考えると逆説がより実感できるだろう。もしもバケツに水を7割しか入れていない作業員を見たときに、監督者はどのように思うだろうか。「何でもっと水を入れないんだ、何をサボっているんだ」と思ってしまう人が多いのではないだろうか。しかし、これは残念ながら部分最適に陥っている考え方なのだ。もしも水をバケツ一杯に入れてしまうと、重いので運ぶスピードは遅くなり、そして皆が疲れてしまう。そこであえて三割ほど空けておくことは無駄ではなく、これがまさに科学的ゆとりなのである。そしてこのおかげで作業員の仕事は楽になり、しかも全体最適になるのだ。この例は、短期的視野での部分最適化に陥っている組織にとって、そこから脱却するための重要なヒントになるだろう。

空けるが勝ち　その3：スケジュール

この「空ける」という考えは、スケジュールを組む際にも有効に働く。例えば忙しい人は手帳にびっしりと予定が書き込まれていると思うが、例えば前の会議がどうしても長引いた場合、それが次々と後のスケジュールに影響してしまうだろう。これはまさに自動車の玉突き衝突事故と同じことである。この場合、予定と予定の間に例えば15分間程度の隙間を入れておくことをお勧めしたい。これが車でいえば適切な車間距離をとることに相当し、かえって効率が良くなる可能性があるのだ。マイナスとしては、1日に入れることができる予定が一つ減ってしまうかもしれないが、メリットとして玉突き事故を防止でき、またその15分で前の会議の内容を頭の中で整理できたり、メールのチェックや急ぎの返信が可能になる。こうすることで、トータルで見れば組織として生産性が上がる可能性も高くなるのだ。実際に取締役クラスの人にあえて車間距離に相当するスケジュールの隙間を導入したら、組織の意思決定に関わる渋滞が減ったという報告を受けたことがある。

	品種A	品種B
工程1	4分	6分
工程2	5分	9分

【表１】最適な生産スケジュールを考える。２つの品種AとBを作っているとして、それぞれに２つの工程があるケースだ。【図10】に結果がある。

さらに別の例として、やや込み入っているが工場での生産スケジュールの問題を考察しよう。以前に稼働率１００％の罠の話をしたが、スケジュールに関しても興味深い例がある。まず、話を単純にするために、ある工場ではAとBという二つの異なる品種の製品を作っているものとする。それぞれ同じ二つの工程を経て完成するが、各工程での加工の所要時間は【表１】のように異なっている。

つまり、品種Aは［工程１］の装置で4分かかって加工され、その後［工程２］に送られて5分加工され、合計9分で完成する。品種Bについても同様で、二つの工程を経て合計15分で完成するとしよう。

それでは各工程で装置が1台しかないとすると、AとBどちらを先に加工すれば、両方作り終える時間が短くなるか、という問題を考えてみる。実はこれだけ簡単な設定ならば、実際にスケジュール表を書いて両者を比較してみればよい。それが【図10】に示されており、これは横軸の方向が時間を表していてガントチャートと呼ばれている。

まずAから加工する場合、［工程１］で4分かかり、その後にBが［工程１］に投入され、6分かかって［工程２］に進む。そしてすべて加工が終わるのに図より合計19分かかることがわか

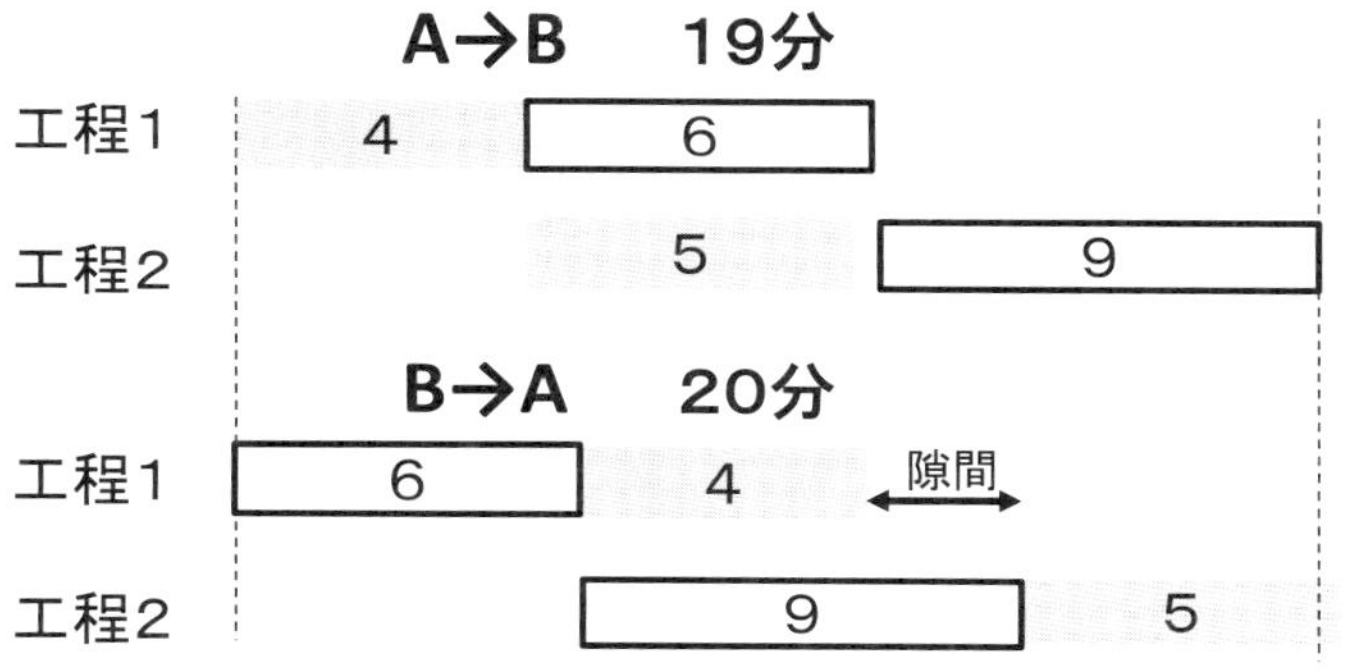

【図10】「ガントチャート」と呼ばれる生産工程図。Aから先に加工した方が1分早いことが分かる。また、B→Aの場合は大きな隙間がある。

る。

次にBから作った場合を考えよう。これも同様に「工程1」で6分加工され、その後「工程1」にはAが投入される。そのAは4分で加工が終わるため、次に「工程2」に進もうとするのだが、実はまだBがそこで加工されている最中なのでここで待ちが発生する。その結果、トータルで加工が終わる時間は20分と長くなってしまう。以上より答えはAから先に作った方が効率がいい、という結論になる。実は「ジョンソン法」という方法が知られていて、いちいち図を書かなくてもどちらを先に加工すればよいか判別する方法があるのだが、その詳細は本書の範囲を超えるので割愛する。

さて、ここで装置での加工時間は表に与えられた時間ぴったりで終わるとは限らないとしよう。現実はもちろんそのようになっており、例えば「工程1」でAの加工時間が4分10秒だったり、3分55秒だったりという具合にバラつくのだ。そして先ほど表で挙げた数字は、そのバラつきの平均値、と解釈してみよう。この場合でも、Aから先に作った方がいつも早く終わるのだろうか。これは一般的には難しい問題であるが、ばらつきを指数分布とすれば数学的に加工時間の計算ができてしまうのだ。指数分布とは、ばらつきを表す最も一般的な分布であり、現実への適用範囲も広い。これもその詳細は省略するとして、結果だけ述べると平均として、

Aを先、Bを後にした場合、21・2727分

Bを先、Aを後にした場合、21・2308分

という驚くべき結果になった。つまりばらつきがない場合の結果と逆になり、Bを先に作った方が平均的にみて早く終わるのだ。数値上は小数点以下2ケタ目のわずかな差しかないが、工場では毎日これらをたくさん作るため、長期で考えると圧倒的な差になる。

それではどうして逆転が起こったのだろうか。これも詳細な解説は難しいのだが、結論からいえばBを先に作る場合、Aの待ちが発生してガントチャートに隙間ができていることが逆に重要だったのだ。これがかえってばらつきを吸収することにつながり、加工時間はどんな場合でもあまり変化しなくなる。これに対して図よりAから先に作る場合は隙間が少ないため、ばらつきによっては玉突き事故を起こして時間が伸びやすいのである。以上の結果は、スケジュールにも隙間を空けた方がブレに強く効率がよい、という一般的な教訓として記憶に留めておいて損はないだろう。

この「空けるが勝ち」という教訓の背後には、詰めすぎた状態は一見効率よく見えるが実はブレに弱く不安定、という事実がある。これは例えば高速道路において、時速100㎞で車間距離が20m程度の車が10台ぐらい連なって走っている、という恐ろしい光景を想像していただきたい。こうした状態では、多くの車が一気に通過できるため流れの効率は良くなるが、極めて危ない状態であるのは明白である。皆が時速100㎞ぴったりで走れるはずはなく、途中で道路の状態も変化するし、また運転手の集中力も緊張のため長時間持たないだろう。詰めすぎの状態とは、すべてこの不安定な車列と同じで、ブレに対して極めて脆弱なのだ。拙著『渋滞学』では、こうした車間を詰めて高速で走る状態を「メタ安定状態」と呼び、これが渋滞の種になることを解説した。

実はこのメタ安定状態は車だけでなく、一般に使える概念なのである。例えば皆がフル回転で隙間なくギリギリで働いている組織は、生産性は高いかもしれないがブレに弱いメタ安定状態といえる。もしも誰かが一人休むだけで、その仕事を代わりにできる人がもう残っていないために、組織全体が一気に崩壊してしまう危険性があるのだ。これは個人も同じで、仕事を抱え込んでメタ安定状態になっていると、たとえ今成果を出して活躍していても、自転車操業のようになっているため持続可能ではないのだ。

ブレと準最適

以上により、ものごとにはすべて適正な間というものがあって、空け過ぎても詰めすぎても効率が落ちてしまうと言える。詰めすぎるとブレに弱く不安定であり、空け過ぎると間延びしてももちろん効率は悪くなる。

そこで、私が提案したい概念が「準最適」というものである。通常よく言われる「最適」は、ぴったりと環境に合わせて決めるため、環境がブレたり変化したりすればそれはもはや最適でなくなってしまうのだ。これに対して、ある程度環境が変わってもそこそこ対応できるようにしておく方が、長い目で見ればトータルコストは少ない可能性が高くなる。

例えば、オフィスで使う業務システムやソフトウエアをウインドウズ10というOSに最適化して構築したとしよう。その場合、もちろん今は効率的に仕事を進められるようになるが、OSというものはどんどん進化しており、数年後はまったく異なるOSでコンピューターが動く可能性があるのだ。そうなると、切り替えのコストが膨大になって、しかも新システムに慣れなければならず、これまでの効率化で得られた利益を帳消しにしてしまうことさえもあり得る。そこで、OSによらないシステムを構築できたとすれば、それは最適化したものには効率で少し劣るかもしれないが、切り替えコストが不要で、しかも人は慣れた仕様のものを継続的に使い続けることができるため、労働生産性は高いまま維持できる可能性が高くなる。

以上のことを数学的に考えると、準最適とは、

富士急ハイランド 特別割引券

身長110cm未満のお子様におすすめ

フリーパス 入園＋富士急ハイランド内アトラクション乗り放題
ONE DAY PASS

おとな 5,700円	▶ 5,300円	□	名様
中高生 5,200円	▶ 4,900円	□	名様
こども 4,300円	▶ 4,100円	□	名様

トーマスランドパス
THOMAS LAND PASS
入園＋富士急ハイランドの小型遊具乗り放題
※詳しくは裏面

おとな・中高生 3,900円	▶ 3,700円	□	名様
こども 3,300円	▶ 3,200円	□	名様
未就学児 2,900円	▶ 2,800円	□	名様

入園券 ADMISSION TICKET
おとな・中高生 1,500円 ▶ 1,400円 □ 名様　こども 900円 ▶ 700円 □ 名様

1665606617114

●おとな（18歳以上）、中高生（中学生・高校生）、こども（3歳～小学生）、未就学児（3歳～小学校入学前のお子様）　●当割引券を入園窓口にお持ちになると上記料金でご利用になれます　●当割引券1枚で5名様まで有効です　●有効期限内に料金改定があった場合は、改定後の料金となります
●有効期限：2018年3月31日

《キリトリ》

モリモリサービス券

Ardija ハイデイ日高は大宮アルディージャを応援しています。

ご注文時に本券をお渡しください。

麺類 大盛分 70円を **無料** サービス

または

ライス 大盛分 60円を **無料** サービス

または

味付玉子 100円を半額 **50円** でご提供

有効期限：2018年4月30日

※麺類をご注文の方に限ります。セットメニューにも使えます。
※ライス大盛分無料は、定食、単品ライスに限ります。
※味付玉子は、麺類、定食、おつまみ単品としても使えます。
※半ラーメン、「麺少なめ」メニュー、ヤキソバ、カタヤキソバ、半ライス、チャーハン、中華丼、天津飯は対象外です。

モリモリサービス券のタイアップ企業様を募集中!!

hiday グループ 日高屋、来来軒、らーめん日高、中華一番 でご利用いただけます。（※券売機店は除く）

当サービス券に企業広告掲載をご希望の際には mine@hiday.co.jp までお問い合わせください。

「平均でやや負けても、分散がより小さいもの」という定義で捉えればよいと考えられる。これは金融の言葉でいえば、リターンがやや少なくても、よりリスクが少ないもの、となる。ここで言葉を整理しておくと、現実には必ずブレがある、と述べたが、これは、ゆらぎと言い換えてもよく、また分散、あるいはリスクと言い換えても同じことである。要するに平均からのズレを表す言葉はいろいろとあって、業界によって使う言葉は違うが、基本的にみな同じものを指している。

この準最適という概念は、【図11】で見ると分かりやすい。ここで横軸は利益を表し、右に行くほど高い値を表し、縦軸はその利益を得る頻度とする。これより、Bの方が利益の平均の値が大きくて良さそうに見えるが、ブレも大きいことに注意しよう。これに比べてAは平均でやや負けていても、分散が小さく安定している。したがって、Bはその値が平均よりマイナス側にブレたときは、Aに負ける確率が高くなるのである。

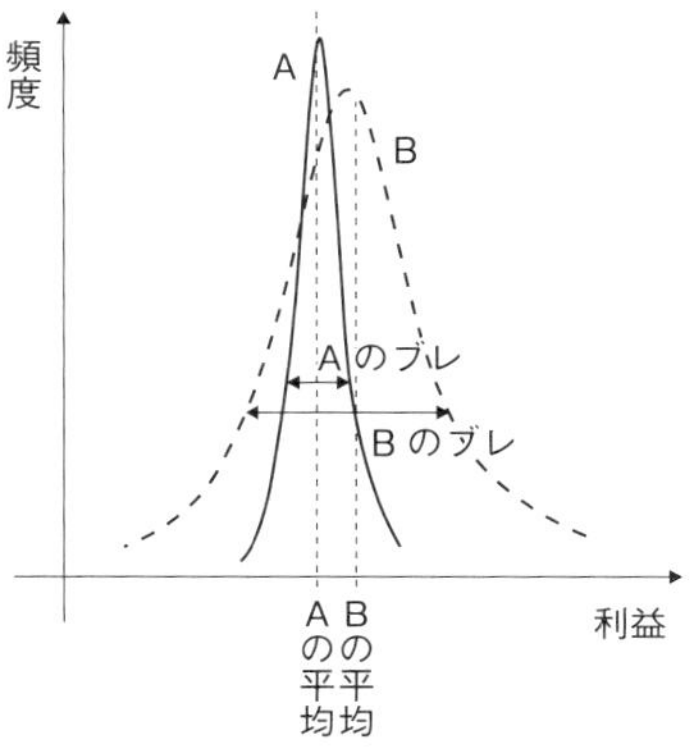

【図11】準最適、つまり「平均で負けても分散がより小さいもの」を表したグラフ。Bの方が利益の平均は高いがブレも大きい。一方、Aの方は利益の平均は劣るがブレは少なく安定している。

我々は、平均だけ見て判断しているケースがとても多いように思える。最適の評価も、平均で上回っている方を採用していたのだ。

しかし、その平均からのブレである分散を見ないと、真に効率的なのはどちらなのか見えてこない。実は分散が小さい方が、変化を読みやすく、長期的にはその方が有利であることも多いのだ。

極限の最適を狙ったものは、たいてい不安定であり、環境変動に弱い。よって、最適にこだわらずにそこそこの準最適にしておけばトータルコストが下がる、ということは、渋滞の研究などからも実証済みである。少し車間を空けて交通量をわざと下げた方が、結果として渋滞を防止できて流れの効率は良くなるのだ。特に複雑な相互作用をしているシステムは想定外の事が起こることが多く、そのリスクに対するマージンを確保しておくことが重要である。やはり、長期的に見れば、「空けるが勝ち」なのである。

分けるが勝ち　その1：ランチェスターの法則

さて、二つ目に紹介したい科学的ゆとりが、あえて「分ける」という行為である。そしてこれを使った法則を、「分けるが勝ち」と呼ぼう。

序章で「二兎を追う者は一兎をも得ず」という話をしたが、まさに全体を部分に分け、その部分ごとに個別対応していく方が多くの場合で効率が良くなるのだ。これはランチェスターの法則と言われており、もともとは軍事戦略の中で研究されてきたものである。敵をすべてまとめて狙うのではなく、うまく部分に分割し、まずはその一つの部分だけを集中して狙っていく方が、結局は有利に戦うことができる、ということが数学的に証明できるのだ。

この法則は大変興味深く、応用も広いため、以下に少し詳しく述べよう。まず、赤組と白組が対峙して小さなボールをぶつけ合うゲームを考えてみる。ボールはたくさんあり、相手の陣地に向かって各人が一度にたくさん投げるとする。もしも相手からのボールが当たったら、そこでその人は退場とする。赤組の人数をR、白組の人数をWで表すことにしよう。このゲームの場合、もちろん人数が多い方が相手にボールをたくさん投げることができるため、有利になる。もしも人数が同じならば、平均的にみてボールに当たる人数は赤組も白組も同じだろう。また、赤組が白組の2倍の人数ならば、赤組でボールに当たってしまう人は白組で当たる人の半分の数で済むと考えられる。以上より、

(赤組でボールに当たる人数)＝(W/R)×(白組でボールに当たる人数)

と考えることができるだろう。ここで右辺のW/Rは人数比を表している。そして時々刻々この式に従って両組とも人数が減っていくことになり、最終的にどちらかがゼロになるまでゲームは続けられる。

ここで、ある瞬間に赤組と白組でボールに当たる人数は、それぞれdR、dWと微分の記号で書くことができるため、先ほどの式はdR＝(W/R)×dWとまとめることができる。あとは高校の微積分の知識があればこの式は簡単に積分することができ、答えは、

R×R－W×W＝一定

となることが分かる。ただしこの微積分の操作がピンとこなくても、後の議論には影響はないた

め心配無用である。とにかく以上の考察から、各々の組の人数の二乗の差が常に時間によらず一定になる、という結論が導かれる。これが有名なランチェスターの法則である。

これによれば、例えばゲーム開始時に赤組が100人、白組が50人いたとすれば、最終的に白組が全滅したときの赤組の残り人数Rが計算でき、

R×R－0×0＝100×100－50×50

という式を解けばよいため、その答えは約86人となる。つまり、赤組の退場者は14人だけで、白組の50人を全滅させることができるのである。赤組が強い理由は、法則の中で人数の2乗というのが効いているからで、戦闘能力は人数の2乗で決まる、と覚えておくとよい。

さて、これで準備ができたので、このランチェスターの法則を使って、50人の白組が100人の赤組に勝つ方法を考えよう。普通はこの人数差で勝つ方法などあるのか、と思ってしまうが、そこで「分けるが勝ち」を使うのである。もし敵をうまく分断できれば、小が大に勝てるのである。

例えば100人の赤組をうまく20人ずつ五つの部分に分けることができたとしよう。そうすると、初めは赤20人対白50人の戦いなので、白が有利になる。このとき、赤が全滅したときの白の残り人数Wは、W×W＝50×50－20×20より、約45人となる。そこで次は赤20人対白45人の戦いになるが、ここでも白が有利なので勝つことができて、白組の残り人数は、W×W＝45×45－20×20より、約40人となる。これを繰り返していけば、3回目ではW×W＝40×40－20×20より、

残り約34人、4回目ではW×W＝34×34－20×20より、残り約27人、そして最後の5回目ではW×W＝27×27－20×20より、最終的に18人を残して白組の勝利になることがわかる。つまり、相手を分断することで、小が大に勝ったのである。

もちろんこの場合、分けるが勝ちというのは、小が大に対峙した際に小を応援する立場で述べたものである。逆に数で優勢な大の立場では、分けるが負けであり、分割されないように注意をしなくてはならない。要するにこのランチェスターの法則は、敵と対峙するという限定的な状況で適切に使われるべきものであることに注意したい。

分けるが勝ち　その2：ローカルとグローバル

近年、首都圏では様々な路線が相互乗り入れでつながってきており、そのおかげで乗り換え無しで行ける場所も増えてかなり便利になった。しかしその副作用として、いったんどこかでトラブルがあると、そこからかなり離れた場所でも影響を受けて止まってしまうことがある。東京の西側でのトラブルで、東側の電車まで大幅に遅延するのは以前にはなかったことである。ヨーロッパの電車も国をまたいで長距離を走るものが多くあり、それらはよく遅延する。したがって、時刻表があまり当てにならないのも仕方ないのかもしれない。イタリアの友人に、最近日本の電車もよく遅延するようになった、という話をしたら、返ってきた言葉が「やっと日本もイタリアに追いついてきたね」であった。

グローバルにつながると、ある一部の影響が全体にまで及ぶため、それが何かマイナスをもたらす場合、システム全体が破たんしてしまうことさえ起きうるのだ。記憶に新しい例として、人類の脅威であるエボラ出血熱が２０１４年から２０１５年にかけて西アフリカで流行し、ＷＨＯ（世界保健機構）から緊急事態宣言が出されたときは世界中が震撼した。この時、各国は感染が深刻な地域の隔離、そして国境の封鎖などの水際対策を行い、何とか２０１６年１月に感染の終息を迎えることができたのだ。また金融の世界でも、アメリカのリーマンショックが瞬く間に世界中に広がって大きな爪痕を残したのは記憶に新しい。

こうした負の連鎖を断ち切るためには、いざという時に全体をうまくローカルに、部分に分断できるような仕掛けを事前に考えておくことが極めて重要である。これは利便性とのバランスなので難しい問題であるが、それでもシステム全体の破たんを避けるのは利便性よりも優先すべきことであると考えられるため、現在ネットワーク科学の分野で様々な研究が進められている。その成果の中でも特にここで紹介したいものが、ローカルに分断する際のヒントになる「媒介中心性」という指標である。これは部分どうしをつないでいる重要な箇所を割り出すもので、逆にいえばこの指標が大きい箇所を切れば、ネットワークを効率よく分断できるのである。以下、この計算方法を紹介しよう。

【図12】のような簡単なネットワークの例で考えてみよう。数字どうしのつながりが線で表されており、例えば点1と点2はつながっているが、点1と点4は直接はつながっていないことが分かる。ここで注目したいのは点2であり、もしもこの点2が無いと全体は二つの部分（1と3－4－5）に分かれてしまう。つまり点2は他とのつながりを媒介する中心的な役割を果たしている、と考えることができる。ネットワークが簡単な場合は、図を見れば点2のような重要な点はすぐに分かるが、複雑なネットワークの場合でも自動的に計算できる方法があると便利である。これが媒介中心性であり、この値の高いものがネットワークの接続にとって重要な点になるのだ。

その計算方法は簡単にいえば、ネットワーク上の様々な二つの点を結ぶ最短ルートに、どれだけその点が含まれているのか、というものを求めればよい。もしも重要な点ならば、その点が様々なルートに出現するため、高い数値になることがわかる。例えば【図12】において、すべての隣り合う点までの長さは同じだとして媒介中心性を計算してみよう。

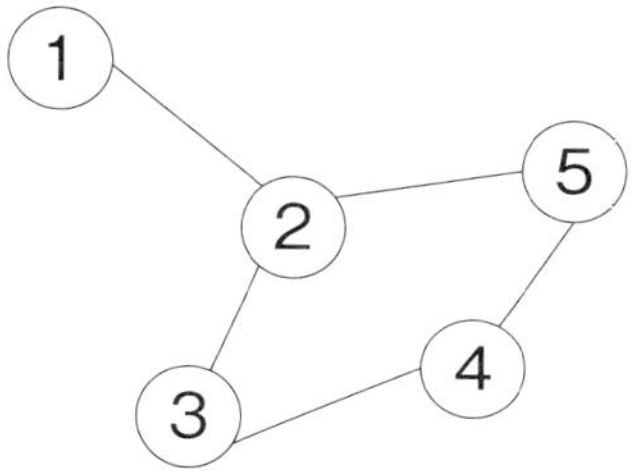

【図12】ネットワークでは、システム全体の破綻を避けるため、前もってローカルに分断する方法を用意しておくべきである。この図の場合「2」がキーポイントだ。

まず、点1の媒介中心性はゼロと求まる。この計算方法だが、まず対象の点1を除く点2から点5までを考える。そしてこの四つの中から、あらゆる二つの点の組合せを選び、その点を結ぶ最短ルートに点1が入っている数を数えればよい。それはもちろん図よりまったく無いため、媒介中心性はゼロと計算できるのだ。次に点2の媒介中心性を求めてみよう。これは点2を除く残りの点1、3、4、5の中から二つを選び、その最短距離に点2が含まれている場合を調べてみればよい。それは全部で以下の四つの場合である。

① 点1－点3　最短ルートは1－2－3

② 点1－点4　最短ルートは1－2－3－4と1－2－5－4の二つで、どちらにも点2が入る

③ 点1－点5　最短ルートは1－2－5

④ 点3－点5　最短ルートは3－2－5と3－4－5で、点2は3－2－5のみに含まれる

最短ルートがこのように複数ある場合は、点2が含まれている割合を計算する決まりになっており、②の場合は2ルートの両方とも含まれているので、2分の2で1となり、④の場合は2ルート中一つしか含まれていないので、0・5となる。以上より、四つすべて足せば点2の媒介中心性は3・5と求めることができる。以上、多少込み入っているが、決まった手続きで計算できるので便利である。他の点も同様に計算すると、やはりこの点2の3・5という値より小さくなり、点2こそがネットワークを部分に分ける際の重要な点になる。こうした点が媒介中心性によって自動的に抽出できるのが興味深い。

さて、鉄道や金融、また電力、道路網などは社会の基盤ネットワークであり、利便性はもちろん、災害にも強いシステムでなくてはならない。そのためには、全体と部分のバランスをうまくとる必要があるが、そもそも大規模化しない方がいい、という主張もある。エイモリー・ロビンスは、著書『スモール・イズ・プロフィタブル』の中で、電力網について詳細に調べた研究結果をまとめている。古くは電力は水力発電であり、これは各地に分散設置されていたものである。しかし規模の経済ということが言われ始め、大きな発電所ほどキロワット当たりの投資額が小さくなるということで、１９７０年代より大規模化が進められてきたが、実はそれも近年は頭打ちになっているそうである。大規模化の問題点として、一カ所で集中して発電するため、送電コストと送電線での電力損失が増大することが挙げられる。また、テロに対しても脆弱で、また古くなるとメンテナンスも時間がかかり、運転率が一気に低下して電力供給の不安定性が増してしまう。そして大規模集中型なので、その地域への環境負荷も高くなる。そこでエイモリー・ロビンスは、分散型の電力供給にすべきと主張しており、それは膨大な実データに基づく科学的な考察であって極めて説得力の高いものである。

分けるが勝ち　その３：適正サイズ

前章でも、老舗企業は小規模のものが多いと述べたが、ここにもやはり小さければ長持ちするという、一種の逆説のようなものがあるのだろう。無理のない範囲で小さく留めておく方がかえって長く続き、そのため地域社会でのゆるぎない信頼関係が構築できる。そしてそのおかげで安定して徐々に大きくなっていくことができるのだ。また無理な成長は必ず組織のどこかにひずみを生んでしまうため、短命になりがちである。これを伊那食品工業の塚越寛会長は年輪経営と呼び、少しずつ会社を成長させることを唱えている。そのおかげで創業以来48年連続増収増益となっており、今や世界のトヨタ自動車もこの年輪経営に注目しているのだ。

また、動物の世界でも、ネズミやウサギのような小さな生物は、天敵の少ない孤立した島で住む種類は体のサイズが大きくなる、ということが知られている。小さな生物は、敵に襲われそうになると小さな穴や物陰に逃げ込むが、隠れるには小さい体の方がもちろん有利である。天敵がいない場合はその必要がなくなるため、逆に大きくなっていくそうである。敵が多い場合は、小さいことは身を守る武器になるのだ。

大組織の弊害というのは、これまで様々な研究でも指摘されている。イギリスのシューマッハーは、著書『スモール イズ ビューティフル』の中で、巨大組織は意思疎通が難しいため、人間関係の荒廃と生産性の低下を招くと述べており、これを防ぐためには、大きな組織の中に小さな組織を作れ、と提案している。大組織は、秩序・安定・静的というイメージであり、逆に小組織は自由・創造・動的のイメージであるため、それぞれ得手不得手があるのだ。そこで、大事なことは、大組織は小組織でできない例外的な事のみ補完し、小組織の自由と半自治的仕組みを確保することが大事であると主張している。松下幸之助も、「任せて任せず」という言葉を残しているが、これは、普段は小組織に任せておいて、いざという時だけ大組織が面倒を見る、という意味だと解釈できる。

また、以上の考察は稲盛和夫氏が唱えているアメーバ経営にも通じる考えである。この手法が開発された京セラでは、小組織はアメーバと呼ばれ、このアメーバごとに独立採算にして自主性を重んじる。そして全従業員がこのアメーバという小単位を通じて、会社の経営に共同で参画しているという実感を持つことができるのだ。また、組織を細分化できるときは、多少のコスト増になってでも分割していくべきである、と稲盛氏は主張している。これにより、分割された事業がまた伸びていく可能性があり、そうなれば長い目でみてそのコスト増を上回る採算になることができるのだ。

人類学者のロビン・ダンバーは、人が安定して関係を保てる人数の上限として、ダンバー数と呼ばれている150人を提案している。そしてマイクロソフトもインテルも、建物一棟あたりの社員数を150人までとしているそうだ。そういえば我が家でお付き合いのある人数を年賀状の数で数えてみたところ、160枚であった。

あのIT業界の巨人グーグルも、大企業病を防ぐために様々な取り組みをしている。例えば、毎週金曜には本社と全世界をつなぐ電話会議を実施しており、経営陣が社員からのどんな質問にも答えているそうだ。ここで従業員とあらゆる経営情報を共有することで、従業員は自分がオーナーであるかのように責任を感じることができるそうだ。また、有名なのが「社員には20％の自由時間を与えよ」というもので、要するに自分の業務ではなくても社内で参加したいものがあれば、仕事時間の20％の範囲で国を問わず好きな場所で好きなことをやってよい、という制度である。大きな組織の中で環境を固定化せず、あたかも小組織のようなフットワークが確保されているのが興味深い。

30万人の社員を抱えるゼネラル・エレクトリック（GE）も、大企業病から脱却するために、アメリカ本社と世界中の支社でファストワークスという取り組みを始めている。これは、日本のトヨタ生産方式にヒントを得た無駄のない起業プロセスで、まずは小さな投資で始め、うまくいけば徐々にリソースを投入していくベンチャー方式である。こうして大きく始める過剰な投資の無駄を排除し、市場の反応を見ながら様々な小プロジェクトを試行でき、成長分野を見極めていくことができる。こうして開発期間も約3分の1に短縮できた例もあるそうだ。試して失敗して、そして工夫してまた試して、という当たり前のことが大企業でも自然にできる取り組みであり、日本の大企業も現在大いに注目している。

かけるが勝ち

以上、二つの逆説を支える法則を紹介してきたが、これらはいわば対象に間を入れて「空ける」、そして対象を「分ける」というものであり、いわば空間的な捉え方をしたものである、といえるだろう。そこで三つ目に考察したい法則は、時間的なものである。それは、時間や手間をかけて苦労した方がよい、というものであり、これも標語として語呂がいいように「かけるが勝ち」と呼ぶことにしよう。

例えば、時間をかけて準備した方が、ミスが少なくなってかえってトータルで早く終わる、ということは、様々な場面で見られることである。工場では、ある程度ゆっくり作業した方が結果として早く終わる、ということが知られており、これは不良品が出にくくなるため、その結果手直しが不要になり、効率化につながるというロジックである。逆にいえば、効率的に素早く進めるとかえって後で思わぬ失敗が待っている、ということもよくあり、これは「急いては事を仕損じる」ということわざにもなっている。

身近な例では、最近知った知恵だが、キュウリを輪切りにする際に安定して切るためには、最初に側面をうすくカットしておけばよいのだ。いきなり輪切りを始めると安定せずに転がってしまい、早く切ることが難しい。しかし最初に側面を切ることで、そのカット面がまな板にぴったりくっついて安定し、スピードと仕上がりの出来の両方で優位に立てるのだ。最初の一見無駄に見えるひと手間が後で効いてくる好例であろう。

また、お茶（日本茶）を入れる際にも、すぐに飲みたくても少し時間をかけた方が美味しくなる。お茶を飲む湯呑には、コーヒーカップのような取っ手はついていない。これは何故かといえば、取っ手がなくても持てるぐらいのお湯の温度が美味しいお茶とされているからである。お茶

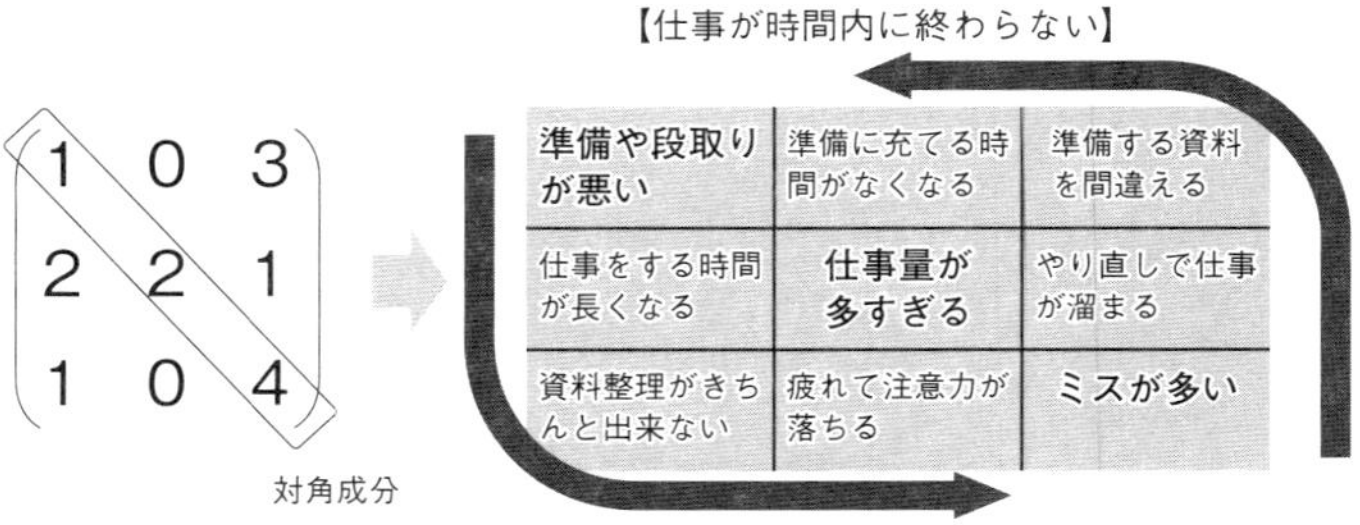

【図13】問題を明確化して、その要因を「対角成分」に置き、影響を「非対角成分」に埋めていくと解決策が明確になってくる。

の渋みの成分はカテキンであり、これは高い温度になればなるほど多く抽出される。そこで、うまみや甘みを出したいときは、70℃ぐらいの温度のお湯がよいのだ。そのため、お湯をまず湯呑に入れ、手で持てるぐらいになった時に急須にそのお湯を入れ、その後にまた湯呑に注げば美味しいお茶になるのである。少し冷めるまで待つ時間のマイナスは、結局は美味しさというプラスになって戻ってくるのだ。

すり合わせと行列

企業のものづくりでも、手間をかけて開発していった方が真似されるリスクも減り、かえって市場を独占できて長く生き残ることができる。前章で「すり合わせ」ということを紹介したが、軽くて強くて小さくて、などという矛盾する要素をうまくすり合わせていく技術は、単に部分を組み合わせていくよりも大変で手間がかかり、高いスキルが必要なのである。実はこのすり合わせについても、対応する数学的ロジックがあり、それは行列の対角化、というものである。これは大学に入るとすぐに勉強する線形代数という必須科目で登場するツールであるが、現実世界にも応用が広いため少しここで触れたい。

行列というのは、誰でも一度は見たことがあると思うが、【図13】のように縦横に数が並んだものを括弧でくくったものである。ここで重要なのは、右下がりの対角線上に並んでいる数と、それ以外の数に分けて眺めてみる、ということである。図の左では、対角線上に並んでいるのは1、2、4という三つの数字であり、これらを「対角成分」という。そして、それ以外のすべての数字を「非対角成分」といい、この例では全部で六つの数字がある。また、以下は縦の列と横の行の数が同じものを考えるが、その行数は別に図のような三つでなくてもよい。

さて、この行列による記法は、数字を並べているだけでは無味乾燥に見えるが、少し視点を変えると数学が苦手な人でもビジネスに応用できる強力なツールになるのだ。それが図の右にあるもので、まず問題を構成する要因を対角成分に書き出す。そしてそれらの関係を非対角成分に書けば、すべての要因間の相互作用を余すところなく書き記すことができるのである。

例えば、「なぜ仕事が時間内に終わらないのか」、という問題を行列を使って分析してみよう。その要因として、いろいろと話し合った結果、①準備や段取りが悪い、②仕事量が多すぎる、③ミスが多い、という三つの要因が挙げられたとしよう。そこでまずは図のようにこの三つを対角成分に書く。次に、①から②への影響について考えてみよう。それは、準備が悪ければ、その分仕事を終わらせるまでの時間が増えてしまうため、その間に新しく来た分だけまた仕事量は増えることになる。これを2行1列目の位置に記した。逆に②から①への影響を考えると、仕事の量が多すぎるため、次の仕事の準備にかける時間がなくなってしまう、ということが考えられる。それは、1行2列目の位置に記す。また、①から③への影響として、準備が悪ければ、資料も中途半端なものしか用意できなくなり、資料の中のデータを間違って解釈してしまう可能性が高くなりミスにつながる、ということが考えられる。これを3行1列目の位置に記した。

残りも同様で、このように非対角成分の左下部分は、対応する上から右の要因への影響を表し、非対角成分の右上部分は下から左の要因への影響を表しているのを確認してほしい。このように整理すれば、要因同士が反時計回りにグルグルと回る悪循環が表現できるため、問題の認識にとても効果的である。さらに、この悪循環をどのように断ち切ればよいかも見えてくる。

例えばこの場合、もしも仕事量が増えた時に準備を手伝う人がいれば、②から①への循環はなくなるし、③から①への循環も断ち切れるだろう。こうして問題解決へのロジックが出来てくるのだ。

ここで重要なことは、もしも非対角要素がまったく無いとすれば、対角成分にある要因がお互い無関係であり、各要因をそれぞれ独立に考えればよいので、話は簡単になることが分かる。逆にいえば、非対角成分があると、主要因が絡み合ってもぐら叩きゲームのようになり、問題は複雑になる。そして、ものづくりでいえば、まさにこの非対角成分をゼロにしたものが「組み合わせ」であり、ゼロでなくお互いが絡み合っているのが「すり合わせ」なのである。

そしてここからが数学の威力なのだが、行列の対角化という方法が知られており、ある操作をすれば、このやっかいな非対角成分をすべてゼロにすることもしばしば可能なのである。ただ、どんな行列でもゼロにすることは無理で、どうしても残ってしまうものもある。そういう行列は対角化不可能といい、扱いが難しくなる。ものづくりでは、これこそがまさに手間がかかる高品質の商品、ということになるし、企業の課題でいえばなかなか解きほぐすことができない難題、ということに相当するだろう。

さて、この行列の対角化という操作は面倒な計算が多いため、残念ながら一般書での記述には向かない内容であり、詳細は割愛せざるを得ない。ただし、それはどのような操作か、というイメージだけは記しておこう。先ほどは問題を構成する要因を三つ挙げたが、もちろん人によってその内容や数は異なるだろう。そして、もしかしたらその中には、非対角成分すべてがうまくゼロになった人もいるかもしれない。例えば、①上司の性格の問題、と②日本の労働法の問題、などと設定した人は、この二つの関係性はほぼゼロであるといえるため、非対角成分はゼロとできる。このような対角成分をうまく選ぶ方法を教えてくれるのが対角化だと考えてよい。それは行列の固有ベクトルというものを計算すればよいのだが、ここから先は専門書に譲りたい。

以上、少し説明が込み入ってしまったが、対角化の詳細は以下の議論には不要であるため、すぐに理解できない部分は飛ばし読みして頂いて構わない。とりあえずここまでの重要な点は、対象を構成している要素を見極め、それを行列の形で表し、非対角成分を調べることで対象の複雑さを判定できる、ということである。これだけでもおさえておけば、今後いろいろと活用の幅は広がるだろう。そして、対角化不可能なものは、習得には時間コストがかかるかもしれないが、それは「かけるが勝ち」となって将来プラスの益をもたらしてくれる可能性が高いのだ。

また、これは「分けるが勝ち」の法則にも応用可能である。全体を部分に分けるうまい方法とは、まさにこの対角化することなのである。なぜならば、もしも対角化できれば、相互作用していない部分に分けることができるためである。そうすれば部分ごとに問題を解決していくことができ、それを組み合わせれば全体最適につながるからだ。

さて、手間をかけた方がいいというのは、人の教育に関してこれまで述べてきたことがまさに当てはまる。結局教育するのに効率的な方法などなく、失敗して苦労しないと真に身につかないのである。頭の中に学問体系を構築していくのは、地道で大変な作業である。しかし、そうして時間をかけて積みあがった複雑な脳内の知識体系は、物事を考える上での盤石な背骨となってくれるのだ。そしてその助けがあれば、今度はハイスピードで問題解決をしながら先に進んでいくことが可能なのである。

また、人間同士の信頼関係も、それを表すのは極めて複雑な行列であり、すぐに構築することはできず、やはり時間が必要なのだ。逆に言えば信頼を失うと回復するのはとても大変なのである。この数値化できないコストを無視して、見かけの効率化に走ると、後で痛い目にあうだろう。

そして、不便にしておいた方が良い、という考えもこれと似ている。不便ならば、すぐに出来ずに時間をかけて対処することになる。逆に便利になれば、手間いらずでできるようになるが、長い目でみると人間が退化していく可能性もあるのだ。特にこれから人工知能に任せて人間が考えなくなってくると、数十年後にどのような社会が待っているのか、少し怖い気もする。

負けるが勝ち　その1：利他行動

最後に述べたい法則が、「負けるが勝ち」である。これまで、対象を空間的、そして時間的に捉えてきたが、最後は人に対しての概念である。科学的ゆとりとしては、例えば他人に負ける、とか他人に譲るなどの行為を意味している。逆説を支える法則は、以上のように空間、時間、人の三つの視点で整理すると分かりやすい。

さて、この「負けるが勝ち」の法則は、利他行動に似ており、様々な社会学的な考察がこれまで行われてきている。利他的なふるまいをすればするほど後になって得られるものが大きい、ということは、これまでもいくつかの例で示してきた。

ここでは、さらに近年研究が進展している進化ゲーム理論を取り上げて議論していきたい。これは通常のゲーム理論に時間経過を考慮したもので、1回のゲームでなく、何度もゲームを繰り返した時の行動を考えるものであるため、期間型の逆説と相性のいいものである。そこで、利他行動のメリットについて単純なモデルを使って整理してみたい。

利己行動

	バーは空いている	バーは混雑している
バーに行く	1p 次も必ずバーにいく	0p 次なるべく家にいる
家にいる	0p 次なるべくバーに行く	1p 次も必ず家にいる

利他行動

	バーは空いている	バーは混雑している
バーに行く	1p 次は必ず家にいる	0p 次なるべく家にいる
家にいる	0p 次なるべくバーに行く	1p 次は必ずバーに行く

【表２】バーに行くのが幸せか？　行かない方がいいのか？　進化ゲーム理論で考えてみる。

まず、収容人数が少ない小さな人気のバーにおいて、たくさんの人がそこに行って美味しいお酒を楽しみたいと思っている状況を考えてみよう。この場合、全員がバーに入るのはもちろん無理なので、個人の行動としては、バーに行くか、諦めて家にいるかのどちらかである。そしてバーの状態としては、空いていて快適な状態と、混んでいて不快な状態がある。この掛け算で4通りの組み合わせのうち、満足（利得）が得られるのは、空いているバーに行った人と、バーが混んでいる時に家にいた人である。ここで問題であるが、これが毎晩人々の間で繰り返された場合、皆が得る利得の合計が長期的に最大になるためには一人一人はどのような行動をとればいいのだろうか。

これは簡単に実験ができるので、実際に人に集まっていただきこのゲームをした時の結果を以下に示す。人は全部で33人であり、バーの定員は16人とした。そして各人が1回の試行で得られる満足度を【表2】にあるとおりポイントで与えることにした。このゲームの場合、満足の得られるのは、バーが空いている時に行った人と、バーが混んでいる時に家にいた人なので、このとき1ポイントを得る。これ以外はポイントはもらえないとしよう。

さらに各人の行動戦略として、利己的な行動と利他的な行動の2通りを考えてみた。利己行動をする人は、どうしたら自分がポイントをもらえるかということだけを考えて行動戦略を決める。そのため、ある日にバーでお酒を美味しく飲めてポイントを貰えたとすれば、利己主義者は次回もそれと同じ行動をしようとするだろう。これに対して利他主義者は、バーに行って美味しくお酒が飲めたら、逆に翌日はあえてバーに行かずに家にいる、という戦略をとる。楽しみは公平に、と考えて他人に譲ろうと考えるのだ。そして利他主義者でも利己主義者でも、もしもポイントを貰えなかったとしたら、次回はなるべく行動を変えた方がいい、と考えるはずである。実験では、このなるべく行動を変える、というのは、4回のうち3回程度は変えるイメージで、という指示を与えた。

以上の条件をまとめたものが表に記されており、これに従って10回分のゲームを続けて行った結果が【図14】に示されている。ここで縦軸の得点とは、参加者33人の得点の合計である。結果を見ると、実線の全員利己の場合は毎回の得点が大きく上下に振動しているが、点線の全員利他の場合は比較的安定した得点になっていることが分かる。そして得点はたまに利己が上回る回も

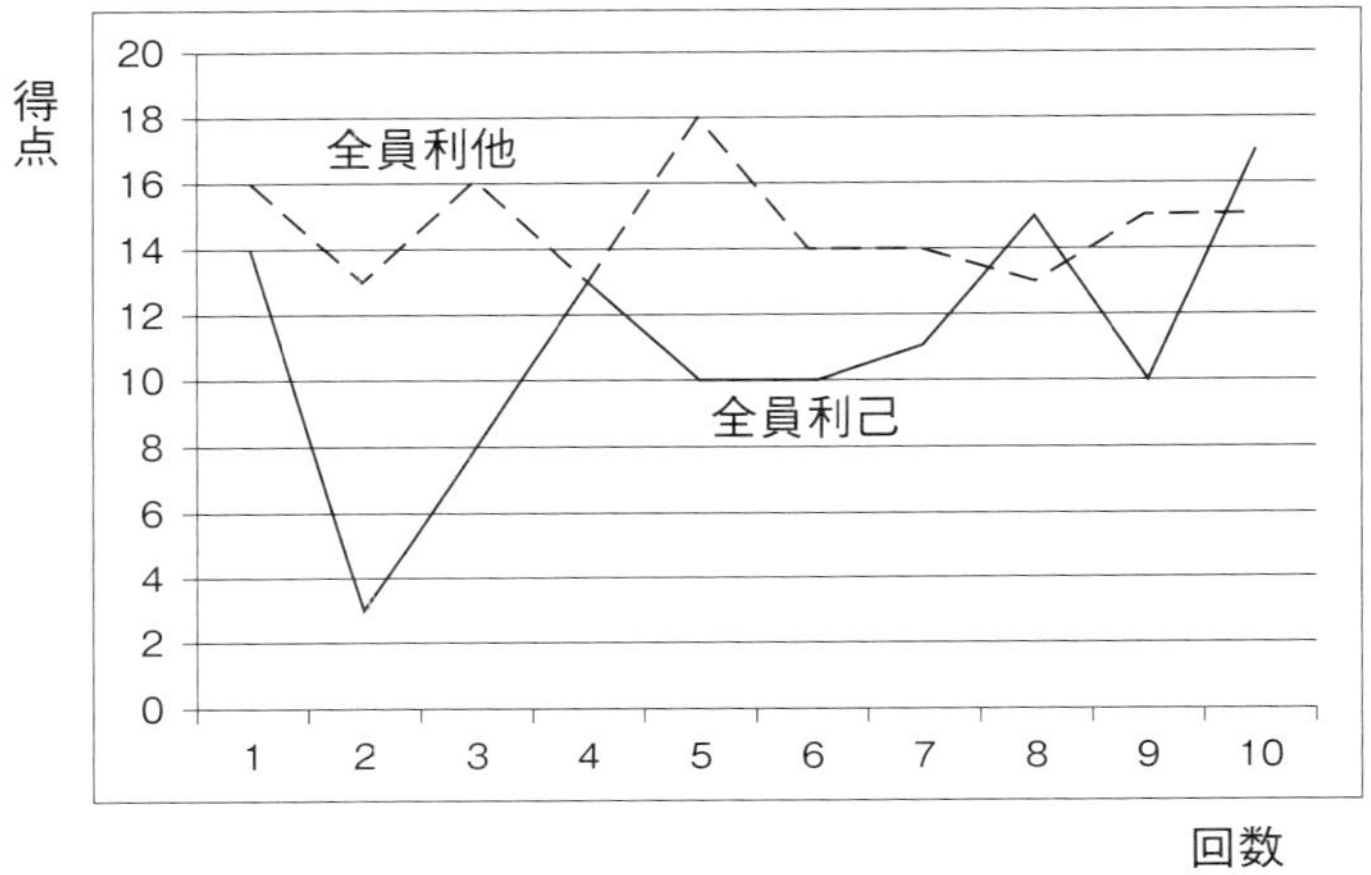

【図14】 利他行動と利己行動をした場合のポイント数。

あるが、10回の全部の得点の合計は、全員利他の場合が147ポイント、全員利己の場合が111ポイントとなり、圧倒的に利他行動が有利、という結果となったのだ。

つまりある日に利得を得た人は、皆の幸せのために次の日は前日と別行動をすればよい、ということである。しかもこれはきちんと数学的に示すこともできるのだ。この結論は、まさに「情けは人の為ならず」ということわざを想起させる。ある日にバーで美味しい酒を飲めなかったとしても、いつかは他人が譲ってくれて自分もいい思いができる。それを皆で互いに意識し合った方が、長い目で見て結局全員の満足度が高くなるのだ。譲ると損をしたような気持ちになるかもしれないが、結局他人も譲ってくれるため、長期的に見れば圧倒的にプラスに転じることができるのである。

ここで実際の参考になる事例を紹介しよう。ある企業が作った商品が急に売れ出して、自社の工場では生産が間に合わなくなってきたことがあった。このときにどう経営判断するかであるが、普通に思いつくのは設備を増設して工場を拡張するという選択肢だろう。しかしその企業はそうした拡張戦略はとらなかった。代わりに同業他社の工場が稼働していないことに目をつけて、何とその企業に商品のある一部分の製造を発注したのだった。この場合、売り上げの一部を他の企業に渡すことになるが、結果としてこれが成功し、その企業はいま大幅な黒字で大成長しているのだ。もしも設備投資をして工場を拡張した場合、商品が売れなくなってきた場合に設備は過剰になり、結局多大な無駄になってしまう可能性がある。しかし他社の空いている装置をうまく活用することで、販売の機会損失もなく、かつ同業他社からも感謝される。こうした共栄の思想はまさに利他精神での成功例といえるのではないだろうか。自分ばかり一人勝ちしようとすると、周囲から疎まれて結局長続きしないのだ。

しかし現実ではなかなか以上のような利他行動をとるのは難しいのも事実である。それは、裏切り行為やフリーライダー（タダ乗り）をする人が現れるからである。他人のために譲ろうとしている利他行動の人から吸収だけして、自分は一切譲らない人がフリーライダーであり、こういう人がいると馬鹿らしくなって利他行動をする人はいなくなってしまうだろう。

こうした研究の第一人者であるオーストリア出身のノワック博士は、権威ある科学雑誌『サイエンス』に、利他行動が進化していくための条件という論文を2006年に発表した。その中で、裏切りやフリーライダーをいかに抑制するかが重要であり、これがうまくいくのは以下の五つの場合であると主張している。

①血縁関係：　例えば親が子供を助ける時のような、無償の愛情で結ばれている場合

②直接互恵性：　助けた人から直接お礼を受けとる関係で、お互いを認知しており、もしも裏切ったら裏切り返されて損をする関係

③間接互恵性：　助けた人以外の第三者がその利他行動を見ていて、例えば新聞記事で取り上げるなど、良い評判を流してくれる場合

④ネットワーク互恵性：　山間の村など、人間関係に地理的な制約があり、外部からの流入もなく周囲の人のみと付き合うため、利他者だけのネットワーク部分ができると快適な状態になり安定できる

⑤グループ選択：　利他行動をとる人のみがつながってグループを形成して快適な社会を作りだし、他の利己者のグループを圧倒する状態

これらの研究結果を見ると、利他主義者は一人では弱いが、仲間がいるとその中でいい循環ができて利得も他に比べて大きくなるため、進化していく可能性が高くなる、ということがわかる。したがって自分が付き合っていく人的ネットワークは極めて大切で、人生の質を決めるのも交友関係次第、ということになるだろう。

負けるが勝ち　その2：押し引きと間合い

次に、負けるが勝ちの「負ける」を広い意味で捉え、そうしたいと欲した時に、わざと逆のことをすると後でうまくいく、ということについて考えてみよう。

以前に営業戦略のところで紹介したが、何かを相手にプッシュしたい時には、逆に引く感じで接するとうまくいく、というものがある。また、これまでの例でこのパターンに当てはまるものとして、偉い人ほど偉ぶらないことで、より相手に好かれていく好循環ができる、という例も挙げられるだろう。また、褒めてほしい時に、自ら自慢話をしない、とか、好きな人に好きな態度を見せない、などもこれに当てはまる事例である。

先日ある催しで、司会歴30年の人とお話をする機会があり、興味深い話を聞いた。それは、司会をしていると会場がうるさくなる時があるが、実はうるさい客を鎮めるには、「静かにして下さい」と大声を出すのではなく、あえて自分が静かに話す方がいい、というテクニックである。これを聞いてから、私は大学の講義の中でこのテクニックを多用している。かなり効き目が高く、また大声を出さずに済むのでとてもよい方法である。

なぜ静かになるか、というロジックだが、まず私が静かに話すことで、学生は自分たちの声が邪魔になって私の話が聞けなくなる。そうすると、話を聞きたい学生がおしゃべりをしている学生を制止することもあるし、また話をしている学生自身も何となく講義を聞いていた場合、私の変化に気付いてこちらに注意を向けるようになるのである。直接でなく間接的に訴えることで、学生の自発的な変化をもたらすことができるため、お勧めのテクニックである。

さて、以上から推測できるのは、自分と相手の間には適当な間合いが常にあり、自分が押せば相手は引き、そして自分が引けば相手は押してくることで、間合いを一定に保とうとするのではないか、ということである。重要な点は、自分が引くことで相手はそこを埋めようとして自発的にこちらに向かってくる、ということだ。自分がわざと引くことで一瞬損をしたようであるが、その結果として相手は自発的に行動し、相手を内面から動かしていることになるため、結局当初の目的は達成しやすくなるのではないだろうか。これは、自分がわざと謙遜すれば、その落とした分を埋めようとして様々な褒め言葉を相手からかけてくれるのと同じであろう。

さらに「負ける」という言葉について、不利や苦労、そして失敗というものも含むものとして考察してみよう。前章でオセロゲームの話をしたが、これはまさに将来に勝つために今わざと不利な手を打つ、という戦略で、こうすることで損するように思えるが、実は相手の手を限定できてゲームの主導権を握れる、というメリットが生まれるのだ。

今不利なことをすれば、将来有利になる、という話題では、選挙に好例がある。二つの陣営が対立している場合、効果的な方法として、敵方の陣営に候補者を立て支援すればよい、というものがある。これは、敵陣営に新たな候補者が出てきて、さらに自分の陣営が批判されるわけで、一見不利のように見えるが、結局敵陣営の票が割れてしまい、自分の陣営が勝利できる、という戦略である。２０００年のアメリカ大統領選挙では、共和党のブッシュと民主党のゴアが争っていたが、そこにゴアと意見の近い第3の候補者ネーダーが立候補することになった。それまではゴアが有利だと思われていたが、このネーダーの登場でゴア票が割れ、結局ブッシュが当選したのであった。ネーダーが共和党から支援を受けていたかどうかに関しては詳細は分からないが、共和党陣営が支援してもう一人の民主党候補を出馬させる、というのはあり得る戦略の一つであろう。

また、苦労についてもこれまで様々な例が出てきた通り、それをすることは将来への投資のようなもので、長期的にはプラスになって戻ってくることが多い。冒頭で紹介した欽ちゃんの話でも、他人が嫌がる仕事をやることで、結局認められて長く働くことができた、というものがあり、「若い時の苦労は買ってでもせよ」ということわざ通りの事例であろう。また、人がしたがらない仕事をあえてすることで、オンリーワンになれる、というメリットもある。皆が嫌がる面倒な仕事に特化することで、他社は参入に対して心理的障壁が生まれ、なかなかライバルは現れなくなる。その間にしっかりと技術を磨き、顧客を獲得して信頼関係を構築しておけば、結局長期で生き残れる可能性が高くなるのだ。

失敗についても同様で、期間設定を長くとれば失敗は無駄にはならず、やはり「負けるが勝ち」なのだ。グーグルは「賢く失敗せよ」という標語を社内で掲げており、これは皆にリスクを取ってほしいというメッセージである。そうでなければ革新的なアイディアは生まれてこない、ということで、社内に失敗を許容する風土を構築しているのだ。日本はここが弱点で、失敗をすると傷物扱いになり、傷の無いことが価値があるものだという風土があるように感じる。失敗しなかった人が出世していく官僚組織はその最たるものであろう。失敗を認めないと萎縮して小さな成果で終わってしまうだろうし、大きな挑戦には失敗がつきものなのである。そしてなぜ失敗したか、を問うことの方がもっと大切で、失敗は成功の元なのだ。

以上、期間型逆説を支える四つの法則を述べてきたが、それらをまとめると、以下のようになる。

空間　「空けるが勝ち」、「分けるが勝ち」
時間　「かけるが勝ち」
人　「負けるが勝ち」

長期的に勝つためのロジックがこれらの中には豊富に存在するため、悩んだ時にはこれらを参考にして戦略を考えていくのもよいだろう。

目的型の逆説

これまで議論してきたものは、期間型の逆説であり、時間差でマイナスがプラスに転じる、というものであった。これに対して目的型の逆説はやや性質が異なるため、以下に少し考察を加えておこう。

まず分かりやすい例として、私の周囲で実際に起きた出来事を取り上げる。それは、ある組織で仕事の成績が思わしくなかった人を別の部署に異動させた時の話である。彼の代わりに新人を補充して一気に業績向上かと思われたが、実は残った人の人間関係が急に険悪になって組織の生産性が大いに低下してしまったのだ。上司はその後本当に苦労して組織をやりくりしたが、なかなか元のような雰囲気には戻らなかった。これは、仕事でいい成績を挙げる、という目的ではその人はダメだったかもしれないが、実は組織において人間関係の潤滑油という大事な役割を果たしていたのだった。その人はコミュニケーションが上手で、皆の間に立って職場の明るい雰囲気づくりに大いに貢献していたのだが、これは数値化による評価が難しいものであった。

この場合、目的はこの組織に二つ存在していると考えることができ、一つは仕事での成績向上であり、もう一つは職場での良い雰囲気作りというものである。しかしそのうちの成績向上という目的のみで評価してしまったために、人事異動によってもう一つの目的への貢献分をすべて失ってしまった、ということである。後になって実はその人はもう一つの目的では役立っていた、と気づいても遅かったのだ。これはまさに荘子の思想である「無用の用」ということであり、無用に見えても実は役に立っていた、という例である。

ここで注意しておきたいことは、この目的型の例では時間軸で見れば初めから役に立っていたのだが、それに人が気づかなかった、という点である。これに対してこれまで述べてきた期間型の場合は、初めは本当に役に立たずマイナス出発だったが、時間が経つにつれてプラスに転じていった、というものである。その意味で、期間型は目的型とはやや異なる概念であり、本書で深く議論したいのは、いま日本社会で私が最も必要な思想だと考える、「今損をして後で得をとる」という時間の概念が入った期間型の逆説なのである。

損得一定の原理

それでは本章の最後に、私が昔から何となく感じてきた、最も根底にある原理と思えるものを述べよう。それは、長い目で見て人生のプラスの総和とマイナスの総和は同じではないか、というものだ。損をすれば得をする、そして得をすれば損をする、ということを繰り返して私たちは日常生活を送っている。たまたま損ばかり続いても、その後に大きな得が来ればマイナスを挽回できるし、その逆も起こり得る。長い目で見れば、その損得の数は実はイコールなのでは、と勝手に思っており、これを「損得一定の原理」と名付けた。これはもちろん原理というよりも、世の中そうなっているのではないか、という私個人の経験から来る願望のようなものである。

しかしこれが本当に正しいと信じることで、我々はマイナスの状況で悩むことも少なくなるだろう。マイナスの時でも「いつかは何らかのプラスが訪れる」と思えて気持ちも救われるのである。落ち込んだ時に気持ちが切り替えられる人というのは、案外このようなものを信じている人なのかもしれない。さらにそういう考えの人は、得ばかりでいい思いをしている人を見てもあまり嫉妬しなくなる。その得は、実はかなりの苦労の末に獲得したのではないか、と思えれば、むしろ賞賛したい気持ちにもなるし、また、いい思いは長く続くことはなく、いつかはまた苦労が訪れる、と考えることもできるのだ。

私たちは、例えば宝くじが当たるなどいいことが起こると、こんなところで運を使わなくても、などと言う時がある。いいことがあると、もしかしたら悪いことが待っているのでは、と考えるのは、この損得一定の原理を何となく感じているからなのだろう。

悪いことがあっても、「大丈夫だよ。これからいいこといっぱい待ってるよ」という昔テレビで見た寅さんのセリフが思い出される。

第三章　日本の進むべき道

なぜ長期的視野になれないのか

前章で議論した通り、逆説の重要な条件の一つがマイナスがプラスになるまでの時間差であった。人は基本的に短期的視野になりがちで、長期的な視点で物事を考えるのが苦手である。しかし、長期的視野を持つことはこれまで見てきたように個人にも社会にも絶大なメリットがあるのだ。本章ではまず、なぜ人は長期的視野になれないのか、ということについて論じてみたい。

これはもちろん人や組織によって様々な要因が考えられるが、最初に考察したいのは将来の不確実性に対する不安感である。将来はどうなるか分からないため、そのリスクや損を回避しようとする一種の生存本能のようなものが短期的な行動を誘発すると考えられるのだ。これは行動経済学の分野でも中心的な役割を果たしている考え方で、少し詳しくこの分野の研究を見ていこう。

まず、人はプラスよりマイナスに敏感である、ということが分かっている。これを損失回避性

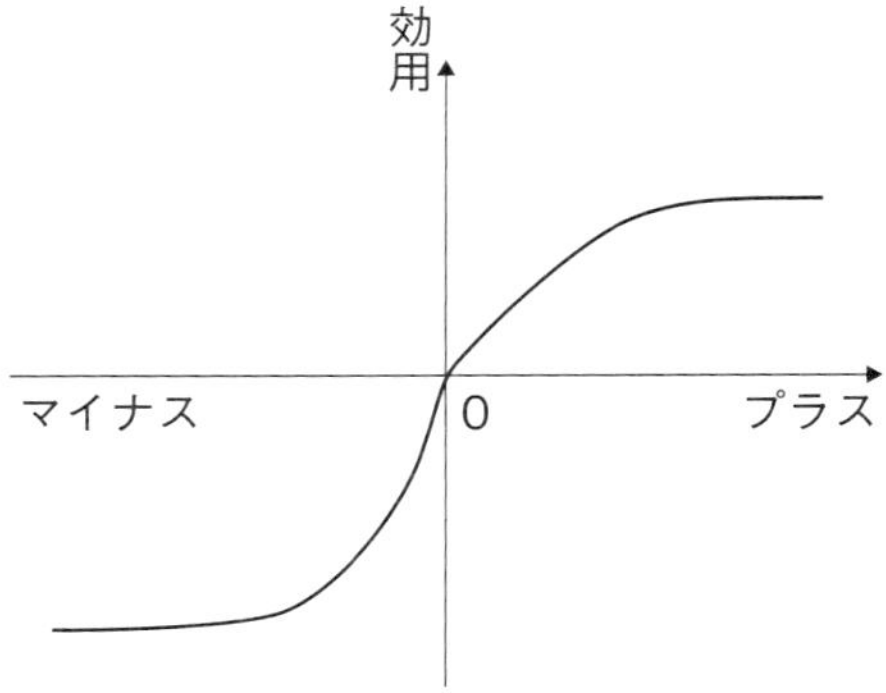

【図15】「損失回避性」を表したグラフ。人はプラスよりもマイナスに敏感であることがわかる。原点から左側のカーブの落ち込みの方が、右側よりも激しい。

と呼んでいるが、この様子は例えば【図15】のように表すことができる。

ここで、横軸の負の部分がマイナス（損）、正の部分がプラス（益）を表しており、原点から離れるほどその値が大きくなることを意味している。そして縦軸は人が感じる価値であり、経済学ではそれを「効用」という言葉で表す。この図において、カーブの原点付近に注目してほしい。原点から左側のカーブの落ち込みは、右側の立ち上がり具合に比べて急になっている。これが損失回避性で、原点から少しマイナス側に離れると、すぐに急降下していくことが分かる。つまり、人はプラス側よりマイナス側への振れに敏感であるということを表しており、実際にこの理論でノーベル賞を受賞したカーネマンらの実験では、同じ大きさの利得と損失では、損失の方が約2倍から2・5倍も大きく感じられる、という結果が出ている。

もう一つの重要なものが、時間的に離れた場合の効用の比較評価である。将来になれば不確実性が増すので、やはり今を重視してしまうのは仕方がないといえるだろう。例えば将来に1万円もらえる、という効用があっても、その価値は時間差のために今1万円をもらうより低く見積もられてしまう。どれくらい先に1万円もらえるのか、ということも重要で、例えば2日後なのか、10年後なのかでその価値が変わってくる。2日後ならばほぼそのまま1万円の価値があるかもしれないが、10年後に1万円といっても、その頃はお金の価値も暴落しているかもしれないといった不安を感じて、ほとんど価値を見いだせないだろう。したがって、その「10年後に1万円もらえる券」を今いくら払って購入するか、という問題を考えることになるが、ここで行動経済学でよく用いられている考えが「双曲割引」というものである。

それは、1万円を年数で割り算すればよい、という簡単なものである。ただし、現在の年数を1と数えることにする。つまり「今1万円をもらえる券」は、もちろん1万円の価値があるが、「1年後に1万円をもらえる券」の場合は、1万円を1足す1ということで2で割り、5000円の価値しかないと考える。そうなると、10年後は、1万円を11で割るため、約910円となり、かなり価値が下がってしまうのである。これが「双曲割引」という考えであるが、別にこの割り算の式を使わなくても様々な割引方法が考えられるわけで、どのように設定すれば現実をよく表しているかについてはまだ統一見解はない。ただし、時間が経てば経つほど、その価値、つまり効用は低くなることは明らかであり、そのため現在の方を将来より大事に考えてしまうのである。こうして現在に重きをおいてしまうことを、現在志向バイアスと呼んでいるが、これが長期的思考を妨げている大きな要因の一つであることは疑いないだろう。

なぜ将来の価値を割り引いてしまうのか、についてさらに深い考察をしているのが、イギリスの哲学者パーフィットである。彼は、今の人格と、将来のある時点での人格は、決して同一なものではないと考えた。それはあたかも自分と他人のようなものであり、他人に利益が渡ってしまうと思えば、価値を割り引いてしまうのは納得できる。確かに過去を振り返っても、20年以上前の自分と今の自分はかなり内面的に変化している部分も多く、別人と思われても仕方ないのかもしれない。ただし、昨日の自分と今日の自分については、よほどのことが無い限りほぼ同じであり、時間的に近ければより同一人格と思えるのも確かである。

さて、次にもう少し身近な視点から長期的視野が持てない理由について考察を続けていこう。将来の不確実性やリスクが大きな要因である、という話をこれまでしてきたが、もしもある程度までのリスクに備えが出来ている人ならば、心にゆとりが出来てきて長期的なところにも目を向けられるようになる。例えば預貯金がかなりあって老後の心配もない人とか、家族や親せきがたくさんいて何かあれば面倒を見てもらえる人などである。前者の例でいえば、お金によってかなりのリスクを帳消しにできるため、将来の不確実性による不安感はかなり減少していると思われる。逆にいえば、お金や時間などのゆとりがない人は将来のことを考える余裕などなく、今を生きるだけで精一杯で、「明日の百より今日の五十」となってしまうかもしれない。特に、借金などでお金に困っている人は、明日の百をとるなど無理な話であろう。

また、お金や住環境など物理的なものが満足のいく状態でない人は、心理的に追い詰められて自分は不幸だと思っているかもしれない。そうなると、何とか早くこの状態を脱したいと願い、目先の小利に飛びついてしまう可能性が高くなる。今の不幸な状態が長く続いて欲しくない、と思うのは当然で、そのためにさらにマイナスをあえて選択して我慢するのは難しくなるだろう。

そして、人間は安きに流されやすい、という面もあり、つい無意識に楽な方を選択してしまう習性があるといえる。苦労を避け、楽をしたいと思うのも、誰もが持つ基本的な欲求である。また欲望を抑えられず、我慢ができなくなってしまうのも日常誰でも感じていることで、セルフコントロールはやはり難しいのである。

さらに、利他行動のところ（177ページ）で述べたが、フリーライダーがいることで、長期的視野の人がいても短期的な行動をとるように変貌してしまう、という問題も挙げられる。あるいはフリーライダーとまでいかなくても、例えば兄弟で夕食を食べていて、弟が好きなおかずを最後に残しておいたら兄に食べられた、という体験でもよい。このせいで、弟は長く我慢して待つということに対して一般的に損をするイメージを持ってしまうかもしれないのだ。

とにかく長期的視野の人にタダ乗りし、利益を吸い取っている人が存在すると、誰も利他行動を続けようとしなくなるし、他人が信用できない集団ができ上がってしまうだろう。そうなると結局、社会全体での利得を下げてしまう可能性がある、というのが進化ゲーム理論からの教えである。私自身も最も付き合いたくないタイプがこのフリーライダーであるが、とにかくそうした人をグループ内からいかに排除し、他の人々を駆逐しないようにするかが理論的にも重要であることがわかる。あるいはフリーライダーになっている人が、どうしてそのような行動をしているのかについて背景が分かれば、何か説得の余地があるかもしれない。

そして組織内では、フリーライダー以外にも人を短期志向に変えさせてしまう要因が潜んでいる。その重要な例を以下に二つ挙げよう。まずは同調圧力である。これは、皆がそうしているから、ということで本来の自分の考えとは違うことでも多数の意見に合わせなければならない、という周囲からの無言の圧力のことである。組織の中で長期的視野により判断して意見を言う人がいても、多数が短期的視野の判断を支持していると、多数決の原理で組織としては短期的視野の結論が出てしまうこともある。少数派意見は会議ではなかなか通りにくく、しかも一見マイナスの提案に見えるものに賛同者は少ないだろう。そして空気を読め、と言われて多数派の意見で妥協することになるのだ。

もう一つは組織間の競争原理である。他の企業より利益を上げようと競争するのは基本的には健全なことではあるが、その評価がこれまで述べてきたように短期で行われるようになると、それを受けて短期的に運用して利益を出そうと考えることにつながる。長期志向では回収が遅く、短期のリターンを求める投資家は満足しないのだ。そして短期で利益を出すところがますます投資家から選ばれるようになると、短期志向が悪循環で加速していくのである。

以上より、個人のリスク回避や利己心などの本能的なものと、周囲からの様々な圧力が短期的視野に陥る主な要因であることが分かる。これらを踏まえて、以下どのように対処していけばよいのか議論していこう。

どのように合意形成していくか

周囲からの圧力などに屈せず、どのようにして相手を説得して長期的視野の選択に目を向けさせ、そして合意に導けばよいのだろうか。実際に私もこうした説得の現場をこれまで何度も体験したが、極めて強い抵抗を受けて自分の長期的視野の提案を断念したことが何度もある。また、以前にNHK連続テレビ小説「あさが来た」を見ていたとき、主人公が女子大設立のための寄付を大富豪にお願いしに行くという場面があり、そこで言われた否定的な言葉が、「それをすることで私に何の得があるのでしょうか?」であった。こうした返答を見るたびに、長期的視野、そして利他的な行動の提案は非常に難しいと実感する。

相手を動かすには、いかにうまくコミュニケーションをするかということにかかっているが、それは三つのコミュニケーション方法を使い分ける必要があると私は考えている。「情」と「論理」と「金」である。つまり、人によって動くツボというものが異なり、主に情で動く人、論理的に説得できれば動く人、そしてお金などの利得が得られれば動く人という三つのタイプがいるのだ。もちろんいつでもこの3タイプに分類ができるわけではないが、どの角度から攻めていけばよいかの大きなヒントになる。ちなみにお酒の席を設けると話がまとまることがあるが、これは本音を語り合い、そこで相手の人間味が見えてくるという意味で、情に分類して考えることができる。

このうち、本書では「論理」タイプが主な対象であり、それ以外の場合は本書の主旨からは少しズレてしまうのでここでは扱わない。ここで有効なのがまさに前章で述べた逆説の法則であり、本書ではこれまでこのロジックの重要性を強調してきたのだ。特に合理的な外資系企業の場合、以前述べた通りこの方法で説明することが重要である。マイナスをとる提案でも長期的には高い確率で回収できることがロジックで分かれば、認めてくれる可能性は高くなる。とにかく短期思考は結局損をすることや、フリーライダーのような勝ち逃げは結局は無理、などということをきちんと示すことの重要性はかなり大きいのである。そしてまた将来の不確実性を減らすことが科学によってある程度可能なため、前章で挙げた四つの法則の力は大きい。

それでは会社などの組織の中でどのように合意形成していけばよいのだろうか。そのプロセスについて以下考えていこう。まず、損をして得をとる、という案は、もちろん初期はあえてマイナスをとる科学的ゆとりになっている。そして、これに対抗するグループの意見はもちろん初期にプラスをとる提案になっており、分かりやすく皆が受け入れやすいものが多い。そうなるとこのプラスを正当化する頭の回路が回り始め、それを疑うことをやめてしまうのだ。しかも業務過多の状況ではゆっくり検討する時間もなく、結局多数決をとれば逆説のマイナス提案は通常は却下される運命にあるだろう。しかし、生産性を高めるためにはやはり皆で長期的な考えも認めていくことが大切である、ということを理解している人も少なからずいるのである。

そこで、以下私のこれまでの経験から四つの点を指摘したい。まず、小さく始めて成功事例を作り、その後に水平展開していく戦略である。いくらロジックを尽くしても、結果が出ないと信用されにくい。また時間をかけてロジックを説明する暇が無いのがふつうである。そこで、小さな成功事例を作れば興味を持つ人も出てきて、説明を詳しく聞きたい、という人も増えてくる。その時点で初めてきちんとプラスへ転じるロジックを説明すれば、相手が自発的に聞きに来ているため効果的である。したがって、初めに長期的な考え方の意識が高い少数のメンバーを集め、限定した状況で成功させることが肝心である。そうなると、そのメンバーのモチベーションは相乗効果でさらに向上するし、周囲からも信頼が高まっていく。その後に興味を持った部署にノウハウを展開していけば、最終的に全社プロジェクトとして育つ可能性が高くなるのだ。初めから大きく始めるとうまくいかないことが多いため、まずはこの戦略で進めていくことをお勧めする。

二つ目の推進方法は、外圧をうまく利用するものである。日本の組織は外からの圧力に弱い。例えば、海外にある工場などで提案を展開し、そこで成功して地元のメディアなどで取り上げてもらう。それが噂になれば、逆に日本にある本社に問い合わせなどがたくさん来ることになり、その対応をするために全社が中から一気にまとまっていく可能性があるのだ。中を攻めたければ外から、という考えは、様々なスケールの組織で有効であるため、戦略の一つに加えておいてほしい。

三つ目は、社内でロールプレイング議論をする時間を作ることである。これは、ある提案を議論する際に、ただ単に会議で報告を受けて皆で考える、というものではなく、全員をまず賛成派グループと反対派グループのどちらかに機械的に振り分け、相手を論破していく議論をする。次にその賛成派と反対派を入れ替え、また相手を論破する勝負をするのである。その際に、自分の真意は賛成でも反対でもどちらでもよい。とにかく割り振られた立場で徹底的に相手を論破する議論を展開していくのだ。これをすることで、両方の立場の真意が自然に理解できるようになり、また様々な盲点にも気づくようになる。その後に採決をすれば、より納得のいく、そして正しい方向に向いた結論が下せるようになるだろう。これは特にある提案に対して意見が割れている時ほど効果的で、このロールプレイングによって組織内での対立が解消したという事例もあるのだ。やはり一時的でもその当事者になることで、これまで気が付かなかったことが見えてくるのである。

四つ目は責任の所在の明確化である。日本の組織は、東京オリンピックの準備を見ていても、東京都、日本オリンピック委員会（ＪＯＣ）、大会組織委員会など、様々な機関が関係して一元化されているわけではない。一つの組織内でも、何かのプロジェクトがある場合にその責任者が明確になっていない場合が多い。そのような時、何か問題が起こると、お互いがお互いを責めて泥沼になり、時間をかけているうちにうやむやになっていくのが通例である。逆に何か問題が起こっても誰も責任をとらずに済ませようという悪知恵なのでは、とさえ感じる時もあるほどだ。このような体質では、長期的なものの考えをする人はいなくなり、自分の在任中だけうまくマイナスにならなければよい、という思考に陥ってしまうだろう。これに比べて、老舗企業は以前述べたように責任者も明確で、自覚を持って長期的な戦略を練ろうとするため、数年で交代する大企業のサラリーマン社長とはまったく異なる人たちであるといっても過言ではない。短い任期では、今あえてマイナスをとって10年後に回収する、という発想はまず出てこない。したがって、もしも重要案件ならば、それについては一生責任を負っていく組織のシステムと本人の覚悟が必要だと私は思う。

以上、逆説を組織で展開する際のヒントを述べたが、あくまでもきちんとしたロジックが大前提であり、それが盤石に構築できていれば自ずと賛同者は増えていくはずである。そしてその長期計画を明確にして組織で共有し、その通りになるように皆で強い意志を持ってバックキャスト的な努力をしていくことが重要なのである。

個人のあるべき姿

以上をふまえて、最後に個人、組織、そして社会が今後どうあるべきなのかを議論して締めくくりとしたい。

まずは個人であるが、これまでの議論で最も重要なものは利他的思考であった。また、そうした思考を獲得することの難しさも議論してきた。比較行動学の研究者である小田亮氏は、著書『利他学』において、様々な利他行動を誘発させる実験を紹介している。例えば、被験者に人の「目」の絵を見せるだけで人は利他的に振る舞ったり、人は他人に親切にされると、また別の人へ利他行動をする傾向が出てくるといった実験結果が紹介されており、利他性の起源を考える上で大変興味深い。

自分ばかり良ければ他はどうでもよい、と考えると、短期的には確かに自分は良くなることもあるが、困った時に助けてくれる人は誰もいなくなってしまい、長期的に大きな損をしてしまうだろう。自分の部屋だけ綺麗になればよい、と考えてゴミを窓からポンポン外に捨て続けていると、地域社会の中でどのようなことになるか想像してみればよいだろう。そして自分の家族や会社、そして国だけよければいい、と考えると、これも同様にその組織は結局長く持たないのだ。

ここで私がまず重要だと考えるのは、他人とのつながりである。人は集団生活を通じて社会性を学習していく。どのように振舞えば自分も周囲も良い状態になっていくか、様々な経験を通じて学んでいくのだ。しかし現代のように流動性が大きく、しかも自分の属している世界がネットなどを通じて様々な形で広がっている場合、同じ人々との固定的な関係を長期間続ける、ということが少なくなってきた。そうした場合、その場限りの関係が多くなり、以前述べたように直接互恵性が生じにくくなるため利他的行動は進化しにくい。それゆえ現代では、利他性をどのように社会で育んでいくか、という課題はさらに重要度が増してきているのである。

そして利己と利他は相反する概念であるが、実は紙一重なのである。例えば、将来自分に利が戻ってくると確信してわざと今利他的な行動をとることは、どちらに相当するのだろうか。社会心理学者の山岸俊男氏はこれを利他的利己主義と呼んでおり、かしこい利己主義者ともいえるものである。また、アメリカの思想家アイン・ランドは、著書『利己主義という気概』において利己主義を積極的に肯定し、利他主義はありえないとして徹底的に批判している。しかしその内容をよく読むと、自分の利益を考えて合理的に生きれば、結局それは真に相手のためになる、と著者は述べているのだ。

ここでは学術的な分類はともかく、相手のことを考えて行動しているものはすべて利他行動と考えることにしよう。そして、他人からの一方的な援助を期待し続けたり、無私に与え続けているばかりの極端な関係はダメで、社会的動物たる人は長期的視野に基づいた互恵的な関係を築くことこそが重要だ、ということなのである。

これは社会での集団生活を送るたしなみであり、その習得については、家庭や学校、そして地域社会における幼少期からの教育がこれまで重要な役割を果たしてきた。しかし最近は残念ながらこれが失われつつある。他人の子供が悪さをしているときでも注意せず、無関心でなるべく他人に関わらない社会へと変貌しつつある。利他性を子供の意識に定着させるためには、地域ぐるみの道徳教育が重要で、しかも大人がまず範を示すとともに、少なくとも自身が子供の前で決してフリーライダーになってはいけないのだ。利他主義を崩壊させるフリーライダー対策は最も重要な課題の一つであろう。そのためには、マスメディアの節度を持った報道も重要である。

また、日本も次第に格差社会になってきているが、その中でも富を得た人は以前述べたように将来の不確実性リスクを吸収できて生活に余裕が生まれるわけで、今後は利他的な行動をどんどんしていくべきであろう。結局は必ず名声となって戻ってくることになり、プライスレスな賞賛を受けることにつながる。イスラム社会ではザカートという喜捨の制度があり、貧者をお金持ちが救済する義務的な社会制度があるのは注目に値する。日本では鎌倉時代から無尽講という利他的なシステムがあり、これは困っている人に対して皆がかわりばんこに助け合う互助制度である。現在でも地域によっては残っているところもあり、例えば白川郷の合掌造りの家は、結《ゆい》という地域の協力体制で維持されているのだ。このようなものを社会的にうまく設計していくことも重要であろう。

ちなみに生命保険というものは、相互扶助の利他的精神で成り立っている。加入者からお金を集めて、困っている人に分配するのである。仮に自分が一度も大きな病気にかからなかった場合、ふつう1000万円以上の掛け捨てになり、それは困っている人に結果として回っていく。個人が出す利他的金額としては、通常これほど大きなものはないだろう。しかし近年これを脅かす技術が登場してきた。例えば遺伝子検査が挙げられる。これは、将来癌になるリスクがある程度分かるもので、アメリカの女優のアンジェリーナ・ジョリーがこの検査で将来乳癌になる確率が高いと診断され、乳癌予防のために健康な状態の両乳腺を切除する手術を受けたニュースは世界を駆け巡った。このように遺伝子検査で将来の病気の確率が高い人の保険料は、値上げした方がいいのだろうか。

実はこの疑問をいくつかの保険会社にぶつけてみた。すると、決してそうした差別化の方向には踏み出さず、同じ保険料にしようと考えている、という答えだった。もしも値段に差をつけると、そもそも保険の根本である互助性がくずれていく可能性があるからだ。つまり本人の努力で如何ともし難い病気のリスクを細分化して、それを保険料に反映していくような効率化の流れは危険だと皆が感じているのだ。これをすることで、もちろん保険会社は一時的に利益は向上するかもしれないが、社会の相互扶助が薄まって長期的に見ると国として大きな損につながるだろう。

個人についてもう一つ議論しておきたいのは、心身の健康を保つことの重要性である。日本は課題先進国と言われており、世界でまだどの国も踏み入れたことのない超高齢化率を独走中である。現在は4人に一人が65歳以上であり、その割合はこれからますます大きくなる。この時に最も重要になるのが、高齢者が心身ともに健康で、しかも意欲を持って働ける社会であろう。松下幸之助は、「50歳程度で引き算の人生をしてはならない」という言葉を残しており、有名な松下政経塾を創ったのは、彼が85歳の時であった。また、結局は実現しなかったのだが、新政党の結成を意図したのはなんと90歳のときだったそうだ。これも、本人は160歳まで生きる、と決めて物事を考えていたそうで、彼は長期的ビジョンを持ってアクティブに生きた偉人である。この長期での人生設計のおかげで、引退など考えず、最後まで人生の生産性を高く保てたのではないだろうか。

老後も生きがいを持って働く、というのは、とても重要なことである。少しここでデータを見てみよう。内閣府の調査では、約4分の1が家族以外に相談できる人がいないと回答しており、これは外国と比べても高い値になっていた。そして町内会などの地域貢献活動をしたいと考えている高齢者は60代では6割を超えており、その理由の7割近くが自分自身の生きがいのため、と回答している。以上より、超高齢化社会において生きがいの充実のためには人との交流を増やすことが重要であり、さらにそれが社会の付加価値を高めるものであればなおさら良い。そのためには通常の労働の枠組みではなく、例えば週2回、1回4時間、などといった雇用形態を複数の会社で同時に持てるような柔軟な労働システムが必要であろう。これをイギリスのリンダ・グラットン・ロンドンビジネススクール教授は、ポートフォリオ・ワーカーと呼んでいる。こうした労働を通じて、高齢者の知見を社会に活用しつつ、またそれが高齢者自身の心身の健康にもつながっていくのだ。常に自分は誰かに必要とされ、そして誰かの役に立っていると認識することはとても重要なのであり、意欲のある人はいつでも付加価値を生み出すことができる社会を築いていければ素晴らしい。そしてこれは、今後医療費などの社会保障費の抑制にもつながるし、GDPの向上にもつながるのだ。

また、個人の健康への努力として腹八分を守ることは重要であり、それが結果として長生きにつながることは、まさに本書で書いた「空けるが勝ち」の原理そのものである。これは東芝の社長を務め、後に経団連会長になった土光敏夫氏の例が有名で、彼は91歳まで生きたが質素な食事をしていたことが有名で、「メザシの土光さん」と呼ばれていた。質素な食事をすることで、糖尿病などにならずに結局長い間食事が楽しめるのだ。また、以前に大企業の社長数名と会議をした際、近くへ移動する際は車に乗らずになるべく歩く、という話を皆がしていたのを覚えている。筋肉は年に1%ずつ減っていくと言われており、もしも健康寿命を伸ばしたいなら日常生活でも歩くなどの筋力アップの心がけが極めて重要なのである。したがって、例えば朝に電車で座席に座れなかったとしても、それを悔しいと思うのではなく、立つことで筋肉が鍛えられて健康増進になるため有り難い、とポジティブに考えることが重要で、まさにそれが心身の健康につながるのだ。

組織のあるべき姿・大学編

さて、次は組織について考えていくが、まずは私が属している組織である大学について長期的視野という視点で論じたいと思う。大学こそ長期的な視点が最も重要であり、短期の目標設定のみでは教育も研究もまったく機能しなくなる。しかし、それが皆ある程度分かっていながら社会の短期的視野の波に飲み込まれそうになっているのが現状なのである。

その理由の一つが、大学と国と企業の三つのステイクホルダーで、皆が「お金がない」の悪循環でつながってしまっているからである。

まず国では、高齢化のために医療や介護、そして年金などの社会保障費が増加の一途をたどっている現状がある。平成28年度の場合、一般会計予算の歳出総額は96・7兆円であり、その内訳は多い順に社会保障費33・1％、国債24・4％、地方交付税交付金15・8％、公共事業費6・2％、文教科学振興費5・5％、防衛費5・2％となっている。この社会保障費の割合は過去最大であり、金額にして約32兆円である。ちなみに1995年は13・9％、2005年には20・4％となっており、ここ20年で社会保障費は右肩上がりで推移している。

そして国の歳入は、全体の6割弱が税収で、残りの4割強は公債という借金でまかなわれている。つまり国の予算規模は現在約100兆円だが、借金無しで経営するとすれば、税収である60兆円を上限として歳出を考えなければならないのだ。そうなると、予算を現状の4割カットしなければならず、確実に国は破綻してしまうだろう。雇用も守られず、社会保障も十分国民に還元できない事態に直ちに陥るのだ。ここ40年で日本は借金体質に変貌し、現在その借金残高は780兆円で、対GDP比はイタリアを抜いて世界一である。要するに、国には今の歳出の状態を維持していくだけのお金がないのである。

こうした中で、どのように限られた予算を執行していくかだが、これが第一章で述べた「選択と集中」という方式である。つまり、限られた予算を均等に少ない量で配分するのではなく、競争的資金として欲しい人同士で競争させ、そして選ばれたところに集中的に配分しよう、という作戦である。そしてこれまで一律に配分していた基盤財源にまで手をつけて減額し、各機関で足りない分は競争的資金で獲得して下さい、という方式をとっている。

国から大学への交付金は、先ほど挙げた歳出の内訳にある文教科学振興費5・5%の中の予算である。もちろんこの振興費は、大学向けの運営費交付金だけでなく、小中学校の義務教育にかかる費用、高等学校や私学助成、そして研究者の命綱である科学研究費などもすべて含んでいる。そして選択と集中により、国立大学の基盤財源であるこの運営費交付金は毎年減額されており、競争的資金と合わせるとここ10年で約750億円も減少しているのだ。そしてこの予算元である文部科学省も実は大変で、お金が欲しい大学と、財布のひもを握っている財務省からの相反する要求に応えようと必死なのである。

そして、ここでも短期的で成果の出しやすい、そして国民への説明責任を果たしやすい研究に予算がつく、という現実がある。真に挑戦的で長期的な研究テーマは、省庁内での議論の際になかなか非専門家には理解されず、また研究者の方もその長期的な重要性を一般向けに説明するのに慣れてない場合が多い。そうなると、分かりやすくて成果が出そうなものに予算がついていくのは仕方のない流れになっていくのだ。

次に大学であるが、国からの基盤的な運営費交付金が選択と集中の論理で減らされ、これまで以上に予算を競争的に獲得しにいく必要が出てきた。そのために、毎年膨大な分量の申請書と報告書を書く手間がかかるようになり、これは相当面倒な作業になっている。研究費がないと研究が厳しくなるが、大型予算を獲得しても、今度はその管理や報告に時間をとられて皮肉にも研究する時間が無くなってくるのだ。

そして予算の獲得のためには評価がとても重要になってくるため、大学はいま、評価を高くしようと躍起になっている。毎年発表される世界の大学ランキングを気にして、そのランキングが上がるような方策を目的とする運営方針に転換していく大学も多い。例えば英語の講義を増やすとか、女性教員の割合を増やして多様性を高めるなど、ランキングの計算方法を調べ、それが高くなることが活動の絶対基準のようになっていくのである。そして研究者は大学内で頻繁に評価されるようになり、そのために活動実績や業績のまとめなどのデータを提出することになる。これもかなりの時間をとられるが、さらにその業績をとりまとめる膨大な事務作業も新たに大学内に発生する。

また、コンプライアンスも評価の一つであり、しなければならない事務作業がここ数年で大幅に増加した。研究不正防止のための説明会を必ず受講しなければならず、学生が書く博士論文に盗用がないか細かくチェックしたり、また予算の使途のチェックのため購入品を細かに検品するなど、事務的な負担は増大の一途である。そしてこの過剰コンプライアンスがまた研究の生産性を下げているという悪循環に陥っている。

国からの競争的資金は、もし獲得できれば、ある程度長期ビジョン（それでも5年程度）で研究に取り組めるが、これも中間評価という制度で2年経過後にチェックが入ることが多い。つまりどうしても短期的なサイクルでの研究が求められるようになる。国のお金が得られない場合、民間企業との共同研究を通じて支援を受けることになるが、これは半年から長くて1年の契約で成果を出していかなくてはならない。共同研究における成果とは、企業の困っている問題に対するソリューションを出すことである。つまり、かなり狭く特化されたテーマが多く、しかも短期的なものが多いのである。民間企業との共同研究を増加させると、ほぼ2週間に一度程度は何らかの進捗チェックや打ち合わせ会議に追われ、年度末の報告書の数も膨大になる。

こうした事情により、試行錯誤を必要とする大きなテーマの研究はますますしにくくなっており、予算を獲得するために研究を矮小化せざるを得ない人も増加しているのが実態である。また、予算をとれる人とそうでない人の格差も拡大し、そうなると少数派の研究の存続が難しくなって全体の多様性が失われてゆくのだ。

最後に企業であるが、第一章の65ページで述べた通りROEなどといった短期評価基準が導入され、四半期で評価され続けていくため、株主を満足させるためにも短期的な利益創出がますます優先されることになる。それゆえ腰を落ち着けた長期戦略がなかなか立てられず、大学に対しても目先の課題を解いてくれるならばお金を出す、という紐付き予算が多くなってしまうのだ。

以上が絡んでまさに負のスパイラル構造を作り出している。お金がないため選択と集中になり、そのためには評価が重要になり、大学はその対策準備に追われ、それでもすぐに成果を出そうということで浅くて迫力のない研究がどんどん生まれていく。それは社会にイノベーションを起こすレベルでは到底ないため、GDPに貢献できない、といった悪循環のループがぐるぐる回り出してしまう。そして短期志向の結果、研究者の貴重な試行錯誤の時間が失われていくことは、国家的損失なのである。

これは教育にも反映されることになる。教育こそ長期的視野が重要であり、初期にじっくりと時間をかけて幅広い基礎分野の力を確実に身に付けるべきなのである。しかし今のシステムでは、自分の研究を手伝ってもらうために、その研究に必要な知識だけを効率よく教え、それしかできない単能型の人間を大量に生み出しているのではないかと危惧している。これでは単なる作業員となってしまい、創造的な研究者にはなり得ない。そして何か問題が起こった時に、それを解決することは決してできないだろう。短期的視野で効率的に人材育成をすると、後で痛い目にあうのは目に見えている。

私は前々から言っているのだが、教育の最大のポイントは、T型人間の育成である。Tの縦棒は、専門性を持つことで深く掘り下げることの出来る能力を意味し、横棒は周辺分野を幅広く知っていることを意味している。私の好きな言葉に、「一つしか知らない人は、何も知らない人である」というものがあるが、多方面から見ることができる目を持つ人物こそ社会で活躍できる人なのである。解決すべき課題がますます複雑になっていく現代、自分の専門へのこだわりを捨てることも時には大事であり、常に変化していく環境に合わせて柔軟に適応できる人材を我々は時間をかけて育てていかなければならないのである。

組織のあるべき姿・企業編

次に企業のあるべき姿について、長期的視野の観点から考えていこう。

老舗企業のところでも見た通り、長く続く組織はいくつかの共通点があった。その一つがサイズをあまり大きくしないということで、これは「分けるが勝ち」の法則そのものである。トヨタ自動車も、2016年4月よりカンパニー制を導入し、巨大組織を自律性を持った小さな組織に変えようとしている。コンパクトサイズの車を担当するカンパニーや、中型サイズの車の担当カンパニー、そして先進技術開発を担当するカンパニーなど、七つのカンパニーを発足させた。そして中期までのスパンの商品開発はそれぞれのカンパニーが責任を持って担っているのだ。

適正サイズへの分割の話は前章でしたが、とにかく小組織にして高い自律性を持たせることが重要である。意思決定の速さ、責任の所在の明確化、モチベーションの維持など、どれをとっても小組織のメリットは大きい。ただしバランスが肝心で、小組織では何ができないか、どのように全体最適と調和させるかといったことをしっかりと検討しなければならない。小組織化によって部分最適に陥らないようにすべき、という点に関しては、前述のアメーバ経営でもいろいろな工夫がなされている。例えば各アメーバの評価は、受注量や総生産額などの絶対金額ではなく、いかに創意工夫をして数字を伸ばしたか、という差分で見るのだ。そうすることで、各アメーバが自分のところだけ数字を伸ばそうと考えるのではなく、関連部門と調和を図って双方を伸ばした方がよいことに気づき、会社全体の発展につながっていくのだ。

また、旅館業に老舗企業が多いという話をしたが、温泉のような有限のものを扱うことで、大儲けは難しいかもしれないが、その希少性から自然と参入障壁ができて、かえって永続性につながる可能性が高くなるのだ。無限に増やすことができるものを対象にしている企業は、ライバルも生まれやすいため、長続きさせるのはよりコストがかかってしまう。先日ある経営者に聞いたのだが、通常は一つの事業は持ってせいぜい7年だそうだ。その内訳だが、はじめの2年は立ち上げで苦労し、中3年間のみ利益が出て、そして最後の2年はライバルとの消耗戦になるのだ。ここで希少性があればライバルの参入は難しいため、圧倒的に有利になってくる。

株式会社化という選択も、場合によっては考え直した方がいいかもしれない。もちろん株式会社にすれば、短期で資金を集めやすくなるが、株主の意向が強くなって経営の自由度に大きな影響を与えることになる。

興味深い例として、お寺の経営の話を紹介しよう。埼玉県熊谷市にある曹洞宗見性院の橋本英樹住職は、２０１２年に古いしきたりの檀家制度をやめて、宗派や国籍を問わずだれでも利用できる会員制にした。その結果、寺の収入はなんと3倍になったそうだ。檀家制度とは、家が特定の寺院に葬祭供養一切を任せる代わりに、布施としてその寺院の経済支援を行うものである。寺院からすれば、これにより安定的な収入を得ることができるが、株主と同じでしがらみも発生し、住職として活動が自由にできないこともある。そこで、橋本住職は会員制にして、かつお布施も安くしたところ、かつての檀家の頃と比べて会員は大幅に増え、結局収益も上がったという。

さて、企業経営において最も重要なことは何だろうか。こう問いかけると、「利益を上げること」と答える経営者が少なからずいるが、私の答えは少し違う。もちろん利益は会社の存続のために重要であるが、最も重要なものは、利益ではなく「永続性」ではないだろうか。これを一番上に据えることで正しい経営判断ができると信じている。もちろん利益がないと永続きしないが、利益の上に永続性をしっかりと置くことで、一時の誘惑に目の曇らない正しい長期的視野の決断が可能になるだろう。

難しい経営判断の例として、航空機産業への参入というものが挙げられる。これは高コストで高リスクであり、その生産高は日本では自動車産業と比較して30分の1に過ぎないが、高度技術開発を伴うため、他分野への波及効果は3倍もあるそうだ。したがってもしも参入を決断したら、短期の収支に右往左往せず、長期的な視野で取り組む覚悟が必要であろう。

こうした難しい判断をする際に一番参考になるのは「自然」だと私は考えている。長い進化の過程を生き抜いてきた動植物にこそ、我々の目を開かせてくれるヒントがあるのではないだろうか。これについては松下幸之助も以下のように述べている。

「自然の理法にそぐわないような、あるいは反するようなことをしておって、それでうまくいくはずはないな。自然の理法に、素直に従って経営を進めておれば、知らんうちに、うまく進んでいくんや」

この自然の理法の一つのヒントとして、前章で考察した「準最適」がある。「そこそこ」の効率性こそ変動に強く、メンテナンスコストが下がって長持ちするのだ。自然の多くはそのような戦略をとっており、長期的に見て変動に耐えられる組織は最適ではなく準最適なのである。

さらに言えば、長期だけではなく、同時にバランスよく短期戦略も併せ持つ必要がある。長期も睨みつつ、やはり明日の食事代も稼がなくてはならない。多くの職業で、長短のスパンがあって、どちらもおろそかにできないのだ。そしてこのバランスが極端な力配分になった時に、組織は間違った方向に進んでいくのだろう。

さらに儲けだけを追うのではなく、社会的に責任を持つというのも重要で、これに関心の無い企業はいずれ痛い目にあうだろう。環境破壊につながる行為を続けていると、一時は儲けていても後で補償のための巨額の罰金が科せられたり、業務の停止を命じられたりする可能性もある。また、自分だけ儲かれば、他はどうなっても構わない、という考えも強く戒めなければならない。石門心学の祖石田梅岩《ばいがん》は、「まことの商人は先も立ち、我も立つことを思うなり」という有名な言葉を残している。自分が儲けたければ、相手も儲けさせることで末永くいい循環が続くのだ。

そして私自身も何人かの経営者に利他について尋ねたことがあるが、皆さんそれぞれの哲学を持っており、大変興味深い。ある経営者は「少しだけ利己より利他を多くすること」と答え、別の人は「51対49で、少しだけ勝つのが商売の鉄則」と教えてくれた。実はこれらすべてに共通しているのは、自分のことも考えるが、ちゃんと相手の利についても配慮している、というところである。もちろん自分の利益と他人の利益はぶつかることが多いが、しかしこの二元論で世の中を捉えるのではなく、自利と利他を融合することが大切であり、これがまさに仏教では「自利利他」という言葉で語られているのだ。

また、以前に便利技術について考察したが、その技術自体は素晴らしくても、それが長期的に人間の能力をおとしめるものであってはいけない。これもまた企業の重要な社会的責任である。人間には機械にない素晴らしい能力がある。機械には基本的にプログラム通りに動く能力しかないが、人間には未知の環境でも適切に判断して適応していく能力が備わっている。機械はこうした人間の能力を高め、そして人には出来ないことを支援していく役割が望ましい。

真似されないモノとほどよしのモノづくり

次に企業の重要な活動であるモノづくりについて考えよう。以前述べた通り、単なるいくつかの要素の組み合わせで商品を作った場合、それはすぐに真似されてしまうことになる。そこで部分のすり合わせ技術を磨くことが長期戦略で重要なのであるが、私は究極のすり合わせの参考になるのが、生物ではないかと考えている。生物はそれを構成している肺や脳、心臓という部分に分解してしまうと、それを組み合わせても決してもとの生きた個体を再構成できない。こうした部分の相互作用でできている絶妙なモノを作れれば、開発の苦労を補って余りあるほどの成功を収めるだろう。

このためには、何度も述べてきたが、失敗を許容する風土が必要である。グーグルも、企業文化として、「賢く失敗せよ」というものを掲げており、失敗したが良く練られていたアイディアに賞を与えるなどの取り組みを行っている。そして研究開発の中で試行錯誤にかける時間を大切にすることである。逆に失敗を許さない雰囲気の組織は、予定調和で面白みが欠けるモノしか生み出せず、また失敗を避けるために不正やごまかしが横行して組織を蝕んでいくだろう。短期的な効率化を求める経営とこの試行錯誤とをどのように折り合いをつけていくのかが今問われている。ここでも無駄の定義で議論した通り、期間設定が重要であり、例えば7年と決めたら、その7年間は上長が率先して試行錯誤を許す風土づくりを心がけなければならない。

また、もう一つ提案したいモノづくりの方向性は、シューマッハーが著書『スモール イズ ビューティフル』の中で提案した「中間技術」である。彼は科学技術について、安くてほとんどだれでも手に入れられ、小さな規模で応用でき、そして人間の創造力を発揮させるようなものでなくてはならない、と述べている。そして最先端のものは、大抵人々から雇用を奪い、それを使う人間を考えなくさせてしまうものとして、警告を発している。これは長期的な視点から見れば、かなり重要な指摘である。

複雑で最先端技術の詰まったものではなく、「そこそこ」で「ほどよし」の効率性を持ったモノを作る技術は、結局低コストで済み、またメンテナンスも楽で長持ちするため、環境や人にも優しい。高価な製造機械が不要なので、途上国でも製造でき、結果として人の雇用を守ることができるのだ。現在、先進技術を集めたモノづくり工場は、効率化の名の下に自動化が進み、内部に入ってみると働いている人はほとんどいない状態である。自動機械が動き回っているだけの工場は、人件費が圧縮できて24時間稼働できるため、圧倒的に生産性が高くなる。しかしその犠牲として、今まであった雇用が失われてしまうのだ。米国では、製造業で失われた雇用の6人に5人は生産性の向上による、という調査もあるぐらい、生産性と雇用維持は相反するものである。それゆえ、あえて中間技術のモノづくりが適用できる場面を増やし、そこで雇用を生み出すことができればその企業は大きな社会貢献をしたことになるのだ。

評価制度を見直す

次に組織の中での評価制度について、ＫＰＩという言葉を最近どこでも聞くようになってきた。これは、重要業績評価指標（Key Performance Indicators）の略語で、達成したい目標を数値化して表したものであり、客観的に達成度を見積もるために使われるものである。例えば、販売店の場合は店舗の来店者数を10％増やす、とか、工場では不良品率を５％減らす、など、業種や仕事の形態に合った目標が設定される。また、業務マニュアルを作るなど、数値化できないものでも明確な仕事の目標があればＫＰＩになり得る。逆にいえば、客観的な基準が作れないものはＫＰ

Ｉになるのは難しい。例えば職場の雰囲気を良くしよう、というのは、「雰囲気を良くする」というのが具体的な数値で示されていない限り採用されない。

このＫＰＩによる評価は極めて合理的で、適切に設定されれば組織の発展に貢献するだろう。しかし、問題点があることも確かである。それはまさに何度もこれまで議論してきた無駄の定義に関連したことで、期間設定が短すぎる場合、もしもＫＰＩ達成度が低ければその事業を切り捨てることになり、それがもしかしたら将来の発展の芽を摘んでしまうかもしれないのだ。例えば、第一章で議論したＲＯＥはＫＰＩとしてよく使われる指標の一つである。ただ、現在の会計制度によって四半期決算開示が義務付けられているため、どうしても短期での計算をせざるを得ない状況にある。したがって、思いきって四半期ごとの開示は止め、会計年度の1年間すらも飛び越え、数年間をまとめて評価する長期会計の導入が必要だろう。とにかく長期的視野での経営を適切に評価する新たな会計指標の設定が急務であり、グローバル化の短期視野の圧力に負けない、新たな価値感をこの日本から世界に提案していくぐらいの気概が必要なのである。

もう一つのＫＰＩの問題点は、組織内には数値化しづらいが重要なものはたくさんある、ということを見落としがちになってしまうことである。職場の人間関係の円滑さ、従業員の満足度、上司の信頼度、会議での意思決定の迅速さと公平さなど、挙げ始めたらきりがない。しかしこうしたことすべてが会社の生産性に寄与しており、時には数値化できている指標よりも重要だと多くの社員が感じているものもあるかもしれない。

つまり、ＫＰＩの内容の適切な切り出し、そしてその期間設定はそう易しいものではなく、まずは組織の長期的なあるべき姿を描き、そこからバックキャストして決めていかなければならないのだ。

そして企業だけでなく、近年は大学など教育機関までＫＰＩで評価しよう、という風潮があるが、これは本当にこの国の正しい方向なのだろうか、と思うときがある。教育こそ数値化は難しく、まず期間設定でいえば教え子が社会で活躍するのは20～30年後以降なので、そうなると費用対効果を毎年細かく評価していくのは不可能なのである。また、試行錯誤や失敗経験が学びには大切だ、とこれまで繰り返し述べてきたが、これはどのように評価したらよいのか極めて難しい。例えば、少し考えさせてすぐ答えを教えていく、という方法は、とても早く教科書を終わらせることができ、また生徒は基本問題を解く能力がそれなりに身に付く。しかし応用問題や、ましては研究レベルになると、そのように効率よく身に付けた知識はほとんど何の役にも立たないことは、プロの研究者ならば誰でも知っていることである。いろいろと試行錯誤しないと、その知識の適用限界まで理解することはできず、その限界を知っている人のみがまた次の新しい発見ができるのである。

また、人事評価についても、本来はテストの点数のように簡単に数値化できるものではない。しかし多くの組織であえてそれを行い、結果を給与や異動などに反映している。まったく現場に来ない上司に俺の何が分かるのか、という恨みの声が聞こえてきそうだが、評価を公平に、そして正しく行うのは極めて難しい。長らく日本では年功主義で評価がなされており、年ごとに少しずつ給与が上がっていくのが普通だった。しかし近年は成果主義もかなり取り入れられるようになり、個人の努力も差別化されて一定の評価を受けるようになってきた。ただしチームで行った仕事で成果が出た場合、各人の貢献度を評価するのはこれまた至難の業なのである。また、新日鉄で長年人事を担当してきた中澤二朗氏は、成果主義の現状の問題点として、成果を測る時間軸がどんどん短くなっていることを挙げている。短期は長期を駆逐していくのだ。組織としては、人間も成果も両方大事であり、人間を承認するのが年功主義であり、成果を承認するのが成果主義なのである。このどちらがいいのか、という二元論ではなく、やはりバランスが大事であり、うまく両立させることで組織は安定していくのだ。

真の効率化とは

現在、日本政府は働き方改革を掲げて企業での長時間労働の禁止を強く求めており、テレビでも最近は働き方についての特集番組が多く組まれている。それらを見ていると論点が多岐に渡っており、テレビの短い時間でこの問題を語りつくすのはとても難しいと感じている。長時間労働の原因として、組織の体質や慣習の問題、日本社会の働くことに対する意識の問題など、どれをとっても根深いものばかりである。そして政府からトップダウンで残業禁止という命令が降りてきても、仕事は年々増えていく一方であり、一企業のみで解決できない問題も多い。それゆえどの組織もなかなか長時間労働は無くならないのだが、これまで何度も無駄や効率化について議論してきたので、それらを踏まえてここでは一企業内でできる仕事の効率化対策を改めて検討してみよう。

まず、第二章で述べた、「分けるが勝ち」という法則は、企業の改善活動でよく使われる標語の「分ければ分かる」というものに当てはまる。これは、全体を細かく分ければ、その部分にある無駄が見えてくる、という意味で使われる。例えば、工場全体を漫然と見るのではなく、ある部分に集中して注目してみる。そうすると、そこに積んである箱が気になったので調べてみたところ、それは製品加工で使用する部品だったが、何と数カ月も使われていない過剰在庫であった。そこで部品調達量を少し減らすことで箱が大量に片付き、その置き場が空いたことで工場の一角を別の用途に有効活用できた、といった実際の事例もある。これで新しく土地や建物を購入せずに済み、「分ける」ことで経営上大きく貢献できたのだ。フランスの哲学者デカルトも、「困難は分割せよ」という言葉を残している。これは、難しい問題は解決が可能な小部分に分割し、その小部分を解いていくことで対処せよ、という意味であるが、まさに現代科学の解析における中心的な思想になっている。

したがって、現場の問題を部分に分け、その部分のみに集中して課題解決を考える、という方法は、単純ではあるがうまく分割できれば絶大な効果がある。この際に、部分どうしがなるべく独立になるように分けるのがコツである。これが第二章で述べた行列の対角化である。そうすれば、ある部分を考えている際は、他の部分の存在はほとんど関係してこないので、そこだけに集中できて解答を見つけやすい。

逆にうまく分けずに全体をまとめてしまうと無駄が発生する。これを私は「まとめる無駄」と呼んでいるが、働き方でもこうした例はたくさん見つかる。人間はまとめて効率よく一気にやりたいと考えてしまうことが多いが、実はそれが良くない場合もある。

例えば、ダイレクトメールを発送する会社の事例を紹介しよう。そこでは毎月1000人近くの顧客に新商品に関する情報が書かれた手紙を郵送していた。そしてその仕事は流れ作業で行われており、商品パンフレットを紙に印刷する人と、それを封筒に詰めて宛先ラベルを貼る人、そして封筒を郵便局で投函する人がいた。ここで、最初の印刷をする人は、1000枚の紙をすべて出力し終わってから次の人に渡していたが、印刷はかなり時間がかかるため、封筒に詰める人はその間ずっと待っていたのだ。もちろん投函する人もその間待っているわけで、最初の人がまとめて仕事をしているうちに他の人々を待たせてしまい、仕事上大きな無駄が発生していた。しかもこの方法だと、最終的に客の手元に届くのはかなり遅れるため、待ちきれない客は他の商品を購入したりするなどの機会損失が発生していた。

そこで、その企業には重要顧客が100人いたので、まず100枚だけ印刷し終わったら次の人に渡し、そして封入を終えたら早く郵送する、という100人単位で回していったところ、早く商品情報が届くので注文数も増え、結果として企業の売り上げは上がり、また社内では待つ時間の無駄が大幅に改善されたのだ。

まとめる無駄は社会にもたくさんあり、例えば本の大ロット印刷の弊害も挙げられるだろう。本は通常は初版2000部から8000部ぐらいの幅で、大量に発行する。そして売れて重版になる度に、やはり毎回1000部程度は増刷発行する。手間を考えると、1部だけ刷って製本する、というのは割に合わないためだ。しかし、その重版1000部の売り上げ見込みが無い場合、今ある在庫が無くなったらそれで通常は終わりで、しばらくそのままの状態が続けば絶版となる。

例えば学術書などは、何万冊も一気に売れる新書や人気小説などと違い、毎年ふつうは100部程度以下しか売れず、そうなると古典的な良書でも絶版になってしまう可能性があるのだ。実際に私も大学の講義で長年使っていた数学や物理学のとても良い問題集が絶版になり、かなり困ったのと同時に日本の知の将来が心配になったことがこれまで何度かある。本の発行時に、大量まとめ印刷ではなく、最低単位をもっと減らすことができれば、良書はもっと社会に残り続けると思う。そうしないと良書はどんどん短期の商業主義に駆逐され、社会の知的レベル低下を招いてしまう可能性があるのだ。

別の例では、地方の赤字航空路線の問題がある。利用客の少ない路線では、大型機を使うと空席だらけの状態で飛ぶことになるため、明らかに不採算になる。それでも、どうせ飛ばすならば大型機でまとめて一気に人を乗せた方がいい、という発想が以前は根強くあった。大型機で少ない飛行回数にするか、小型機で頻繁に飛ぶかは様々な要因が関係してくるため単純に結論は出せないが、いくつかの空港で小型機に変更してみたら黒字転換できた、という事例もある。その方が結局利用者からすれば日に何便もあるため時間を有効に使えるし、そうなればより利用率は高くなって運航コストをカバーしてくれる可能性が高くなるのだ。とにかくまとめることが効率的だ、という思いこみからの脱却は業務効率化の大きなヒントの一つなのである。

次のヒントは、「かけるが勝ち」の仕事術である。仕事上あえて一手間かけることで、結局クオリティも高くなり、不良品も減ることで検査修理時間が短縮され、トータルの労働時間も短くすることが可能なのである。これに関連して、私が参加した事務組織での改善例を一つ紹介しよう。ある部署が他に比べて残業が多く、その原因を探ろうとして仕事内容をヒアリングしたところ、以下の事が分かった。

まずその部署の仕事は、書類をメールで様々な人に添付ファイル付きで送り、その書類に記入してもらって回収し、その内容を集計してまとめる、というものであった。もちろん依頼のメールには、書類はいつまでに記入して返信してください、と期限を明記していたのだが、相当数がその締め切りを守ってくれなかったのだ。そうなると催促のメールも送らなくてはならず、かなり煩雑な仕事が増えてしまい、それが残業につながっていたのだった。そこで、まずその添付ファイルをチェックしたところ、初めて見る人にはとても分かりにくいもので、どの欄に何をどのように書いたらよいのかすぐには分からないものであった。そこで、ファイルに吹き出しで説明コメントを書き、記入例も少し記載したものをメールで流せば良いのでは、と提案したところ、忙しくてこれ以上時間がかけられないのでそんなことは無理です、と断られたのだ。

確かにそうしたコメントや例を書くのは、およそ10分から30分程度の新たな作業量が発生する。私の申し出を拒否したくなる気持ちも分かるが、何とか説得してとりあえず1週間だけやってみよう、ということになった。それを続けていたところ、まずメールを受け取った相手は、添付ファイルを開いた瞬間に何を書けばよいかすぐに分かるため、その場で書いて返信してくれる人がだいぶ増えたのだ。結局、すべての返信が来るのが従来に比べて約3日早くなった。つまり、30分損して、3日得したという事例である。このように、少し下準備に時間をかければ、その時間を将来回収でき、またそれ以上に業務効率化に貢献できる可能性があるのだ。

残業を減らす、ということで、もう一つ参考になる考えを述べよう。私がこれまで様々な現場を見てきて思うことは、デキる人ほど多くの仕事を抱え、職場の中で忙しそうにしている、ということである。依頼する側からすれば、デキる人に依頼したくなるのは当然であり、そうなると仕事がどんどんその人に集中するようになる。さらにデキる人も仕事を断れない性のようなものがあって、忙しくてもつい受けて、結局たくさんの仕事を抱えこんでしまうのだ。しかしやはりある量を超えて仕事が増えれば、当然終わらせることができずに渋滞してしまう。車でも仕事でも、入ってくる量が出ていく量を上回るときに渋滞が発生する。これが渋滞発生の大原則なのだ。

つまり、組織内にデキる人がいる場合、メリットだけでなく様々な危険もはらんでいることに注意しよう。皆がその人に依存し過ぎると、その一人に仕事が集中し、結局デキる人が全体のボトルネックになることもある。そうなると、そのデキる人が急病などで仕事が処理できなくなると、組織全体として業務が停止してしまう事態に陥る可能性がある。また、デキる人以外の人たち、特に後輩が育たない、という問題点もある。

やはり仕事をしていく過程で人は成長していくもので、経験がないとなかなか仕事が身につかない。しかしデキる人は他の人の試行錯誤や失敗を見てしまうと、「自分がやった方が仕事の質が高いし、早い」と感じて、逆にどんどん仕事を引き受けてしまう可能性もある。それでは残念ながら組織全体としての成長はないのだ。最近は過程よりも結果に重点が置かれることが多くなったと感じるが、結果よりも試行錯誤の過程の方が長い目で見ればもっと大切であろう。

そこで私はデレゲーションというものの重要性を提案したい。これは、他人に任せる、という意味の英語で、とにかく仕事を他の人に任せてみるのである。他人にデレっとする、と覚えるといい。短期的にはそれは組織として仕事の質も時間も損してしまうように思えるかもしれない。しかし任された人が長期的にみて成長していく可能性があるし、デキる人の時間も空くことで超過勤務も減るし、さらに他のことに時間を費やすことができるようになる。もしもデキる人が40代以下ならば、ある程度は抱え込んで頑張ってもいいだろう。しかし40代半ばぐらいから、どの組織でも仕事の質が変化してくる。つまり、プレイヤーからマネージャーへの変化である。いつまでも自分が細かい仕事を最後まで仕上げるのではなく、デキる人にしかできない大きなマネージャー業務にその能力を使っていくことも大切である。初めは現役の一線を退くようで抵抗感があると思うが、他人に任せる勇気も必要である。デキる人が細部まで頑張り続けることは組織全体のためになるとは必ずしもいえないのだ。

そして最後に、仕事の渋滞解消のポイントについて、渋滞させない車の運転方法と比較して以下の三つにまとめてみよう。

拙著『渋滞学』にも書いたが、高速道路を走る車でいえば、40m以上の車間を空けておけば渋滞は成長しないことが研究によって明らかになっている。これは企業でいえば適切なゆとりの導入、ということになる。能力ギリギリで詰めすぎの計画は「メタ安定状態」になり、ブレに弱いために仕事を渋滞させる大きな要因になってしまうのである。しかし管理者の立場で生産性を上げようとすると、どうしても短期志向で詰めようとしがちであるが、それは逆で「空けるが勝ち」なのである。そうした例をこれまでいくつも紹介してきたが、各組織で、この40mに相当する仕事の適切な車間距離を見つけて欲しいと願う。

次に、車では前を走る車の加減速に対して、自分のアクセルやブレーキ操作が遅れると渋滞を長引かせる原因となる。つまり、環境変化に対して素早く反応することが渋滞緩和につながるのだ。これは、仕事でいえば、まさにリアルタイムでの情報共有の重要性であろう。何が起きているか、常に意思決定者に情報が伝わるようにして、組織の操縦に時間遅れが無いようにするのが肝要である。また、サプライチェーン上に分散している在庫の変化もリアルタイムで把握できれば、無駄を大いに減らすことができるのだ。

そして最後のポイントは、なるべく長い車列を作らないことである。もしも車列が短ければブレーキのバトンは途中で途切れて大きな渋滞が発生しない。これは組織が大きくなっていくことで、非効率なシゴトの伝言ゲームが生まれることに相当しており、その途中で誤解が増幅されていくのだ。これは拙著『誤解学』でも論じたが、組織を分けてその一つあたりの階層構造をなるべく少なくするのも効率化のために重要であろう。これはまさに「分けるが勝ち」である。

国のあるべき姿・責任の所在

それでは最後に国家の役割について逆説の観点から議論したい。官僚こそ長期的な視野で国家百年の計を考えなくてはならないが、残念ながら現実はそうなっているとは言い難い。まず、ほとんどの組織で国家公務員は約2年で部署を移動していく制度になっている。この弊害として、自分が責任者の立場でも在任中だけ問題が起きなければよい、という無責任な方策を講じてしまうことも起きるのだ。そのため、ある事業が10年後に問題を起こした場合には、その収拾の責任は誰もとれない事態も起きてしまうのだ。そして補助金の使い方も無駄が多くなり、単年度での予算消化が目的となってしまい、本来解決しなければならない長期的な課題の解決は極めて難しくなる。もちろん物品調達関係の部署などの場合、業者との癒着が起きやすいため人を短いサイクルで変えるのは理解できる。しかし重要な事業は、責任を持って5年でも10年でも担当者を決めて変えないでおくべきであるということを提案したい。一律に2年ローテーションをすることで、引き継ぎミスも起こり得るし、無責任体質が出来上がるのではないだろうか。

そしてこの責任者がはっきりしない体質というのは、これまでの議論から分かる通り組織の永続性の観点から見ると大きな問題なのである。その典型的な副作用が今はなき超音速旅客機の名をとって「コンコルドの誤謬《ごびゅう》」といわれているもので、これは一度始まってしまったプロジェクトはなかなか後戻りできない、ということを表している。既にかなりの予算を投入しているので、止めてしまうとこれまでの投資がすべて無駄になってしまうため、どうしても続けようとしてしまう。しかしそのまま投入を続けてもうまくいく見込みがなくなってきた場合、無駄を垂れ流すだけである。続けるのも止めるのも地獄、という状態である。ただいずれにしろ誰かが責任をもって止める決断をしなければならないのだが、上記のような真の責任者が曖昧な官僚機構では、その止める勇気を持ち合わせている人はなかなか出てこないのではないかと思う。

例としてダム建設などの長期大規模事業や、最近では高速増殖炉もんじゅが話題になっている。もんじゅは1950年代に計画され、夢のエネルギーとまで言われこれまでなんと国費が1兆円以上も投入されてきたが、トラブル続きでほとんど稼働できずにきた。そのため批判が高まり、ついに2016年末に廃炉が決定されたのだ（しかし新たな高速炉が計画中だ）。これは大きな決断であったが、新しい科学技術という意味では確かに長期的視野に立って考えなくてはならないため、難しい問題であった。無駄の期間設定でも触れた話題だが、長期といってももちろん限界はある。これは国や企業、そして大学での研究開発の現場ではいつも悩ましい問題であり、どれぐらい長く設定すればよいか、個別に検討していくしかない。ちなみに私の研究者としての感覚でいえば、一つの基礎研究の区切りがつくのはおおよそ7年である。そしてこれは本章の企業編で述べたビジネスサイクルとほぼ同じ理屈であり、とても興味深い。

規制と自由

「分けるが勝ち」という法則は、国にもそのまま適用できる。中央をもっと縮小し、行政単位を小さくして地方へ権限移譲していくことなどがこれに含まれ、また、民間にできることは民間で、という日本の行政改革方針もこの考えがベースになっている。これは、夜警国家と呼ばれており、国家の役割は国防や治安維持など最小限に限定し、民間の自由な活動をできるだけ国が制限しないという自由主義の考え方である。アダム・スミスはこのことが市場経済にプラスの影響をもたらす、と考え、その後もフリードマンらの新古典派といわれる経済学者がこの小さな政府と規制緩和の考えを支持した。これはさらにアメリカのレーガン政権や英国のサッチャー政権などにも大きな影響を与えていったのだ。もちろんこうした自由主義の行き過ぎも問題であり、これを批判したのがドイツのラッサールである。ちなみに夜警国家という言葉はその小さな政府を批判する際に述べた彼の造語である。これもやはり以前考察した企業の組織論と同じであり、すべてはバランスなのである。

重要な国の役割とは、民間のみに任せるとうまくいかない事に関して、きちんと管理することである。前に登場した共有地の悲劇の問題がこの最たる例で、何らかのトップダウン型の規制は最低限存在する必要がある。全員が利己的に行動すると、公共財は破綻してしまうのだ。これはスポーツと似ていて、一定のルールを守った上で自由を楽しむ、というのが、参加者にとって公平に満足が得られ続けるのである。

中谷巌氏は著書『資本主義はなぜ自壊したのか』の中で、資本主義社会のグローバル化でモノやカネが自由に国境を超える時代になり、規制の緩いところに資本が殺到し、地球環境破壊をもたらすと指摘している。そしてこうした流れの制御主体は通常は国家であるが、グローバルになると残念ながら強制力のある世界中央政府というものが存在しない。自由には規律が必要で、完全に自由なシステムは良さそうに見えるがいずれ自壊するだろうと述べている。

そして、逆に規律が厳しすぎると自由な経済活動を阻害してしまうのも事実である。以前述べた酒税法のような厳しい規制は、既存の産業の保護には十分機能してきたが、その他の業者はその参入障壁の高さのために自由に活動できなくなっているのだ。そして少しだけ規制緩和をすることで、各地で地ビールが誕生し、地域産業が活性化したのだった。これは今話題になっているＴＰＰ交渉も同じで、世界は自由と規制の間を揺れ動いており、両極端ではなくどこか中間の妥協点を粘り強く探していくことが大切なのである。

法律と安全安心の社会との関係も同様に捉えることができる。法で強制的に規制するのは簡単だが、それだけではダメで、同時に人々の道徳心に訴えることで安全安心を築いていくという長期的視野での努力も必要なのだ。強制力のある法規制は社会秩序維持のためにはもちろん必要である。しかし何か犯罪が起こるたびに法規制を強化していけば、いつか私たちはがんじがらめになって自由に動けない事態になるのだ。そこで、できるだけ自然に犯罪が抑制されるような社会を時間をかけて構築していく努力も怠ってはならない。道徳教育が人々の行動を変容し、それが社会に浸透していくには長い時間がかかるだろう。しかしそれを続けることで皆が自主的に道徳的な行動をとるようになれば、法律による縛りは最低限のみでよくなり、その方が長い目でみれば誰にとっても生きやすい世の中になっていくのだ。これがまさに時間を「かけるが勝ち」なのである。逆説の観点から分かるのは、短期で一気に効く法規制は、長期的な観点からはどこか危ういのではないか、ということである。これは様々な組織において、過剰なコンプライアンスによって自由な活動がどんどん制約されていく現状を見ている人ならば、その危険性を実感できるのではないだろうか。

以前はよく親が子供に「そんな悪いことをすると閻魔様が見ていて、死後は地獄に落ちちゃうからね」とか、「ズルしても必ずそれはお天道様が見てるのよ」と教えていた。これは、まさに急がば回れの教育方法なのだ。海外の友人からは、よく「日本は落し物が見つかる国。安全で素晴らしい」といわれるが、これを支えるのに必要なのは厳しい法の存在ではなく、人々の道徳心なのである。

近年のグローバル化と流動化の影響で、その場限りの関係となる人が増え、対面的なコミュニケーションが減ることで道徳や利他性が崩壊しつつあると感じている。ローカルな社会の場合、毎日顔を合わせる人もある程度固定され、お互いのコミュニケーションはとりやすい環境にある。そして社会道徳の不文律が暗黙のうちに共有されており、それを破ることは村八分のような不利な立場に追い込まれるため、法にいちいち規定されていなくても皆が守るのだ。道徳は、歴史の中で長い時間をかけて共同体の中で共有されてきた社会秩序の基盤であり、数値化できない貴重な社会資本なのである。グローバル化が進むと、固定した人間関係ではなく、常に交友ネットワークも変化し、地域に根差した社会道徳の自然な形成は難しくなる。そして相手の文化背景や倫理観も未知のままでお互い付き合っていく必要が出てくるのだ。そうなると安全安心の社会秩序を保つためには、残念ながら今後は法体系も脅す側に変化していかなければならないのだろうか。長期的に見れば、この変化は将来の厳しい管理社会を予感させ、暮らしにくい世の中になっていくのでは、と危惧している。人々がつながりとコミュニケーションを保ち、それにより自然に秩序が形成されていく社会が理想なのだが、そのような私の考えは、短期主義者からは甘いと言われてしまうのだろう。しかし高度管理社会になってから、やはりこれは違うのではないかと気が付いても、それは後の祭りなのである。

以上で逆説からの日本社会への提言を終える。世界のリーダーが変わり、混迷が予想される2017年、今こそ新しい世界観を日本が世界に示す時である。人類の永続性のために、長期的視野のキーワードを前面に押し出して、世界に範を示すチャンスなのだ。

あとがき

『渋滞学』（新潮選書）の出版から約十年が経過した。

そして今日まで、私を取り巻く環境もいろいろと変化し、その都度強く感じたことを『無駄学』『誤解学』として発表させていただいた。今、私が最も強く思っていることは長期的視野の重要性であり、それをこのたび逆説と絡めて新しい視点で著すことができた。すべてを書き終えた今、心地よい疲労感と達成感を感じている。

執筆にあたっては、これまでに無いほど様々な分野の文献を調査した。本書で扱ってきた内容は、既存の分野の多くにまたがって関係しているもので、縦割りの学問の世界ではほとんど統一的に考察されることはなかったといえよう。そして事例を集めれば集めるほど、現在の日本に必要なのは長期的視野だということをますます痛切に感じるようになった。それがまた執筆へのモチベーションをさらに高めていったのだ。

そしてこのたび、逆説を支える四つの法則を語呂良く抽出することができた。それが、「空けるが勝ち」「分けるが勝ち」「かけるが勝ち」「負けるが勝ち」である。もちろんこの四つのみである、と主張しているわけではなく、これ以外のロジックもたくさんあるだろう。それでも多くの事例がこの法則によって支えられていたのは注目に値することだと考えている。そして読者の皆さんが、今後の人生において何か判断に迷うことがあれば、こうした逆説的な選択肢もあることを少しでも思い出していただければ嬉しい。それが長い目で見てプラスをもたらすことになると私は信じている。

自らを振り返って思うのは、私はいつからこのような長期的思考に傾倒するようになったのか、ということである。それははっきりとは分からないが、大学生の頃に既にその基盤が出来ていたようだ。大学時代に一番力を入れて勉強していたのは、数学と物理学である。そこには千年以上も変わらない真理がゴロゴロあり、その悠久の知恵に陶酔することもしばしばあった。そうした時に、日々変化していく政治経済などのニュースをテレビで見ていると、何を細かいことで人類はオタオタと振り回されているのか、と厭世的に世の中を見ていた時期があったように思える。物事の本質はそのような移り変わるところにあるのではなく、どこか深いところにあって不変なものである、という感覚は自然に私の思考の中に根付いていったのだ。

その後社会人となり、そしてある意味で管理職になった今思うことは、自分の世界の中だけで物事を考えていた若い頃と違って、現在の自分は周囲や後世にも大きな責任を負って生きている、ということだ。そして様々な問題が社会で起こるたびに、今度はそれを実際に解決しなければならない側に立つことも多くなった。そこで私が考え抜いて到達する結論は、いつも長期的視野による根治案なのである。そしてそれは若い頃に数学や物理学から教わったことだったのだ。
長期的視野の大局的な提案を本書には随所に書いたが、少し残念だったのは、経済と金融に関する議論が時間と紙面の都合により十分できなかったことである。こうした課題の検討はまた今後の機会に譲りたいと思う。ただし一つだけ今ここで付け加えるとすれば、それは数値化しにくいものの価値を認める社会こそが今後は必要である、ということである。すべてを経済的尺度一つのみで測るのは危険であり、多様性を認める社会であってほしい。

最後に、本書を書く上でお世話になった方々に謝辞を述べたい。残念ながらすべて名前を書き出すことが出来ないが、本書の中に既に登場した方々や、参考文献に挙げた本の著者全員に感謝したい。そして新潮選書でこれまでお世話になってきた今泉正俊さん、中島輝尚さんにも心から感謝したい。実は新潮選書は私と同い年であり、私も新潮選書もちょうど今年で五十歳を迎える。これも何かの縁であろう。
最後になるが、私をいつも支えてくれている妻と、そして両親に本書を捧げたい。

2017年2月　都内の自宅にて　西成活裕

参考文献

『「分かち合い」の経済学』神野直彦著・岩波新書、２０１０年
『限界費用ゼロ社会〈モノのインターネット〉と共有経済の台頭』ジェレミー・リフキン著、柴田裕之訳・ＮＨＫ出版、２０１５年
『長期投資家の「先を読む」発想法』澤上篤人・新潮社、２０１４年
『ダメなときほど運はたまる』萩本欽一著・廣済堂新書、２０１１年
『スモール イズ ビューティフル 人間中心の経済学』Ｅ・Ｆ・シューマッハー著、小島慶三、酒井懋訳・講談社学術文庫、１９８６年
『ラジオは脳にきく』板倉徹著・東洋経済新報社、２００６年
『資本主義はなぜ自壊したのか』中谷巌著・集英社文庫、２０１１年
『弱者の戦略』稲垣栄洋著・新潮選書、２０１４年
『縮む世界でどう生き延びるか？』長谷川英祐著・メディアファクトリー新書、２０１３年
『風姿花伝』世阿弥著・岩波文庫、１９５８年

『アメーバ経営』稲盛和夫著・日経ビジネス人文庫、２０１０年
『GIVE & TAKE「与える人」こそ成功する時代』アダム・グラント著、楠木建監訳・三笠書房、２０１４年
『WEDGE』２０１６年3月号
C.Gershenson and D.Helbing, "When slower is faster", arXiv:1506.06796v2 [nlin.AO] 2015
『一勝九敗』柳井正著・新潮文庫、２００６年
『レイヤー化する世界』佐々木俊尚著・ＮＨＫ出版新書、２０１３年
『多数決を疑う』坂井豊貴著・岩波新書、２０１５年
『ランチェスター法則のすごさ』竹田陽一著・中経出版、１９９５年
『社会的ジレンマ』山岸俊男著・ＰＨＰ新書、２０００年
『「働くこと」を企業と大人にたずねたい』中澤二朗著・東洋経済新報社、２０１１年
『レスポンシブル・カンパニー』イヴォン・シュイナード、ヴィンセント・スタンリー著、井口耕二訳・ダイヤモンド社、２０１２年
『孫子・戦略・クラウゼヴィッツ』守屋淳著・プレジデント社、２００７年
『行動経済学』友野典男著・光文社新書、２００６年
『生き方の不平等』白波瀬佐和子著・岩波新書、２０１０年
『アマゾンと物流大戦争』角井亮一著・ＮＨＫ出版新書、２０１６年

「多品種少量化時代の物流戦略」忍田和良著・日本オペレーションズ・リサーチ学会誌、１９９０年5月号 p.283
『スモール・イズ・プロフィタブル』エイモリー・ロビンス著、山藤泰訳・省エネルギーセンター、２００5年
『諜報の天才　杉原千畝』白石仁章著・新潮選書、２０１１年
Nowak, M.A. Five Rules for the Evolution of Cooperation, *Science* 8 December 2006:Vol. 314. no. 5805, pp. 1560 - 1563
『人はなぜ逃げおくれるのか　災害の心理学』広瀬弘忠著・集英社新書、２００４年
『利己主義という気概　エゴイズムを積極的に肯定する』アイン・ランド著、藤森かよこ訳・ビジネス社、２００８年
『利他学』小田亮著・新潮選書、２０１１年
『ライフ・シフト』リンダ・グラットン、アンドリュー・スコット著、池村千秋訳・東洋経済新報社、２０１６年

新潮選書

逆説《ぎゃくせつ》の法則《ほうそく》

著　者………………西成活裕《にしなりかつひろ》

発　行………………2017年 5 月25日

発行者………………佐藤隆信
発行所………………株式会社新潮社
〒162-8711 東京都新宿区矢来町71
電話　編集部 03-3266-5411
読者係 03-3266-5111
http://www.shinchosha.co.jp
印刷所………………錦明印刷株式会社
製本所………………株式会社大進堂

ISBN978-4-10-603809-9 C0334

渋滞学　西成活裕

新学問「渋滞学」が、さまざまな渋滞の謎を解明する。人混みや車、インターネットから、駅張り広告やお金まで。渋滞を避けたい人、停滞がほしい人、必読の書！

《新潮選書》

無駄学　西成活裕

トヨタ生産方式の「カイゼン現場」訪問などをヒントに、社会や企業、家庭にはびこる無駄を徹底検証し、省き方を伝授。ポスト自由主義経済のための新学問。

《新潮選書》

誤解学　西成活裕

国家間から男女の仲まで、なぜそれは避けられないのか？　種類、メカニズム、原因、対策など、気鋭の渋滞学者が「誤解」を系統立てた前代未聞の書。

《新潮選書》

生命の内と外　永田和宏

生物は「膜」である。閉じつつ開きながら、必要なものを摂取し、不要なものを排除している。内と外との「境界」から見えてくる、驚くべき生命の本質。

《新潮選書》

地球の履歴書　大河内直彦

海面や海底、地層や地下、南極大陸、塩や石油などを通して、地球46億年の歴史を8つのストーリーで描く。講談社科学出版賞受賞の科学者による意欲作。

《新潮選書》

「ひとり」の哲学　山折哲雄

孤独と向き合え！　人は所詮ひとりであると気づいて初めて豊かな生を得ることができる。親鸞、道元、日蓮など鎌倉仏教の先達らに学ぶ、「ひとり」の覚悟。

《新潮選書》